Charles Péguy

Poésie

ISBN : 978-3-98881-442-5

10 9 8 7 6 5 4 3 2 1

Charles Péguy

Poésie

Table de Matières

Ève

FIDELI FIDELIS

Jésus parle.

Ô MÈRE ensevelie hors du premier jardin,
Vous n'avez plus connu ce climat de la grâce,
Et la vasque et la source et la haute terrasse,
Et le premier soleil sur le premier matin.

Et les bondissements de la biche et du daim
Nouant et dénouant leur course fraternelle
Et courant et sautant et s'arrêtant soudain
Pour mieux commémorer leur vigueur éternelle,

Et pour bien mesurer leur force originelle
Et pour poser leurs pas sur ces moelleux tapis,
Et ces deux beaux coureurs sur soi-même tapis
Afin de saluer leur lenteur solennelle.

Et les ravissements de la jeune gazelle
Laçant et délaçant sa course vagabonde,
Galopant et trottant et suspendant sa ronde
Afin de saluer sa race intemporelle.

Et les dépassements du bouc et du chevreuil
Mêlant et démêlant leur course audacieuse
Et dressés tout à coup sur quelque immense seuil
Afin de saluer la terre spacieuse.

Et tous ces filateurs et toutes ces fileuses
Mêlant et démêlant l'écheveau de leur course,
Et dans le sable d'or des vagues nébuleuses
Sept clous articulés découpaient la Grande Ourse.

Et tous ces inventeurs et toutes ces brodeuses
Du lacis de leurs pas découpaient des dentelles.

Et ces beaux arpenteurs parmi ces ravaudeuses
Dessinaient des glacis devant des citadelles.

Une création naissante et sans mémoire
Tournante et retournante aux courbes d'un même orbe.
Et la faîne et le gland et le coing et la sorbe
Plus juteux sous les dents que la prune et la poire.

Vous n'avez plus connu la terre maternelle
Fomentant sur son sein les faciles épis,
Et la race pendue aux innombrables pis
D'une nature chaste ensemble que charnelle.

Vous n'avez plus connu ni la glèbe facile,
Ni le silence et l'ombre et cette lourde grappe,
Ni l'océan des blés et cette lourde nappe,
Et les jours de bonheur se suivant à la file.

Vous n'avez plus connu ni cette plaine grasse,
Ni l'avoine et le seigle et leurs débordements,
Ni la vigne et la treille et leurs festonnements,
Et les jours de bonheur se suivant à la trace.

Vous n'avez plus connu ce limon qui s'encrasse
À force d'être épais et d'être nourrissant ;
Vous n'avez plus connu le pampre florissant,
Et la race des blés jaillis pour votre race.

Vous n'avez plus connu l'arbre chargé de pommes
Et pliant sous le faix dans la mûre saison ;
Vous n'avez plus connu devant votre maison
Les blés enfants jaillis pour les enfants des hommes.

Ce qui depuis ce jour est devenu la fange
N'était encor qu'un lourd et plastique limon ;
Et la Sagesse même et le roi Salomon
N'eût point départagé l'homme d'avecque l'ange.

Ce qui depuis ce jour est devenu la somme
S'obtenait sans total et sans addition ;
Et la Sagesse assise au coteau de Sion
N'eût point dépareillé l'ange d'avecque l'homme.

Vous n'avez plus connu ni cette plaine rase,
Ni le secret ravin aux pentes inclinées,
Ni le mouvant tableau des ombres déclinées.
Ni ces vallons plus pleins que le flanc d'un beau vase.

Vous n'avez plus connu les saisons couronnées
Dansant le même pas devant le même temps ;
Vous n'avez plus connu vers le même printemps
Le long balancement des saisons prosternées.

Vous n'avez plus connu les fleurs nouvelles-nées
Jaillissant des sommets en énormes cascades ;
Vous n'avez plus connu les profondes arcades,
Et du haut des cyprès les ombres décernées.

Vous n'avez plus connu les naissantes années
Jaillissant comme un chœur du haut du jeune temps ;
Vous n'avez plus connu vers un jeune printemps
Le chaste enlacement des saisons alternées.

Vous n'avez plus connu les saisons discernées
Par un égal bonheur au creux d'un même temps ;
Vous n'avez plus connu vers un égal printemps
L'égal déroulement des saisons gouvernées.

Vous n'avez plus connu les saisons retournées
Vers un égal bonheur et vers le même temps ;
Vous n'avez plus connu vers le même printemps
Le souple enroulement des saisons détournées.

Vous n'avez plus connu de l'un à l'autre pôle
La terre balancée ainsi qu'une nacelle ;
Et le désistement et le retrait d'épaule

D'une saison périe encor que jouvencelle.

Vous n'avez plus connu de l'un à l'autre pôle
La terre balancée ainsi qu'un beau trois-mâts ;
Et le renoncement, l'effacement d'épaule
De la saison qui meurt au retour des frimas.

Vous n'avez plus connu de l'un à l'autre pôle
La terre balancée ainsi qu'un bâtiment ;
Et le détournement et la blancheur d'épaule
D'une saison qui meurt pour éternellement.

Ce qui depuis ce jour est devenu la boue
Était alors le suc de la féconde terre.
Et nul ne connaissait la peine héréditaire.
Et nul ne connaissait la houlette et la houe.

Ce qui depuis ce jour est devenu la mort
N'était qu'un naturel et tranquille départ.
Le bonheur écrasait l'homme de toute part.
Le jour de s'en aller était comme un beau port.

Les bonheurs qui tombaient faisaient un déversoir,
Le silence de l'âme était comme un étang.
Le soleil qui montait faisait un ostensoir
Et se répercutait dans un ciel éclatant.

Les vapeurs qui montaient faisaient un encensoir.
Et les cèdres faisaient de hautes barricades.
Et les jours de bonheur étaient des colonnades.
Et tout se reposait dans le calme du soir.

Et la terre n'était qu'un vaste reposoir.
Et les fruits toujours prêts sur les rameaux de l'arbre,
Et les jours toujours prêts sur les tombeaux de marbre
Ne faisaient qu'un immense et temporel dressoir.

Et la terre n'était qu'un jardin bocager.

Et les fruits alignés aux étages de l'arbre,
Et les jours alignés sur les âges de marbre
Ne faisaient qu'un immense et temporel verger.

Et la terre n'était qu'un vaste potager.
Et l'homme accoutumé parmi ces plates-bandes,
Respecté de la bête administrait ces bandes
Ainsi qu'un amiable et naturel berger.

Et Dieu lui-même jeune ensemble qu'éternel
Se reposait penché sur sa création.
Et l'amour filial et l'amour paternel
Se nourrissaient d'hommage et de libation.

Et Dieu lui-même juste ensemble qu'éternel
Avait pesé le monde au gré de sa balance.
Et il considérait d'un regard paternel
L'homme de son image et de sa ressemblance.

Et Dieu lui-même jeune ensemble qu'éternel
Regardait ce que c'est que la fleur d'un jeune âge.
Et père il regardait d'un regard paternel
Le monde rassemblé comme un humble village.

Et Dieu lui-même jeune ensemble qu'éternel
Regardait ce que c'est que la nuit et le jour.
Et père il contemplait d'un regard paternel
Le monde au coin d'un bois jeté comme un gros bourg.

Et Dieu lui-même jeune ensemble qu'éternel
Regardait ce que c'est que le temps et que l'âge ;
Père il considérait d'un regard paternel
Le monde circonscrit ainsi qu'un beau village.

Et Dieu lui-même jeune ensemble qu'éternel
Regardait ce que c'est qu'un tour et qu'un retour.
Et père il contemplait d'un regard paternel
Le monde rassemblé comme un énorme bourg.

Et Dieu lui-même jeune ensemble qu'éternel
Regardait ce que c'est que le temps de l'année.
Immuable il voyait d'un regard paternel
Passer parmi ses sœurs la saison couronnée.

Et Dieu lui-même jeune ensemble qu'éternel
Regardait ce que c'est que le temps et le lieu.
Calme et laissant descendre un regard paternel,
Il voyait ce que c'est que le reflet de Dieu.

Et Dieu lui-même jeune ensemble qu'éternel
Regardait ce que c'est que le temps et le lieu.
Calme et laissant tomber un regard paternel,
Il voyait ce que c'est que l'image de Dieu.

Et Dieu lui-même jeune ensemble qu'éternel
Regardait ce que c'est que le temps et l'espace.
Père il considérait d'un regard paternel
Ce que c'est que d'un monde éphémère et qui passe.

Et Dieu lui-même jeune ensemble qu'éternel
Regardait ce que c'est qu'un monde qui dit oui.
Fleuriste il regardait d'un regard paternel
L'épanouissement d'un monde épanoui.

Et Dieu lui-même jeune ensemble qu'éternel
Regardait ce que c'est qu'un espace étendu.
Fixe il considérait d'un regard paternel
L'évanouissement d'un monde détendu.

Et Dieu lui-même jeune ensemble qu'éternel
Regardait ce que c'est que les jeux du jeune âge.
Calme et laissant poser son regard paternel
Il se considérait dans l'homme son image.

Et Dieu lui-même jeune ensemble qu'éternel
Regardait ce que c'est que les vœux du jeune âge.

Provident il voyait d'un regard paternel
Le monde se dresser pour cet appareillage.

Et Dieu lui-même jeune ensemble qu'éternel
Regardait ce que c'est qu'enfants du premier âge.
Intègre il regardait d'un regard paternel
Le monde appareiller le long d'un beau rivage.

Et Dieu lui-même jeune ensemble qu'éternel
Regardait ce que c'est que jeunes nourrissons.
Père il considérait d'un regard paternel
La plus jeune gamine et les derniers bessons.

Et Dieu lui-même jeune ensemble qu'éternel
Regardait ce que c'est que jeunes jouvenceaux.
Père il considérait d'un regard paternel
Une mère penchée au bord de deux berceaux.

Dieu lui-même penché sur l'amour éternelle
La revoyait fleurir dans de pauvres hameaux.
Père il considérait une amour maternelle
Doublement partagée entre deux beaux jumeaux.

Dieu lui-même penché sur l'amour solennelle
La regardait fleurir au fin fond des hameaux.
Père il considérait une amour fraternelle
Déjà communiquée entre deux beaux jumeaux.

Dieu lui-même penché sur la fleur éternelle
La regardait fleurir aux pointes des rameaux.
Dieu lui-même penché sur l'amour fraternelle
La regardait germer dans le cœur des Gémeaux.

Et Dieu lui-même jeune ensemble qu'éternel
Regardait ce que c'est que les ris du jeune âge.
Intègre il regardait d'un regard paternel
Le monde se grouper comme un beau voisinage.

Et Dieu lui-même jeune ensemble qu'éternel
Regardait ce que c'est que les pleurs du jeune âge.
Intègre il regardait d'un regard paternel
Le monde commencer son long pèlerinage.

Et Dieu lui-même jeune ensemble qu'éternel
Regardait ce que c'est que les cris du jeune âge.
Intègre il regardait d'un regard paternel
Le monde appareiller le long de ce rivage.

Et Dieu lui-même jeune ensemble qu'éternel
Regardait ce que c'est que baisers du jeune âge.
Intègre il regardait d'un regard paternel
Le monde lever l'ancre au bord de ce voyage.

Et Dieu lui-même jeune ensemble qu'éternel
Regardait ce que c'est que les soins du jeune âge.
Anxieux il voyait d'un regard paternel
Le monde appareiller au seuil de ce naufrage.

Et Dieu lui-même jeune ensemble qu'éternel
Regardait ce que c'est que le progrès de l'âge.
D'un regard toujours jeune et toujours paternel
Il regardait vieillir un monde jeune et sage.

Et Dieu lui-même sage ensemble qu'éternel
Considérait son œuvre et trouvait qu'il est bon.
Du premier diamant jusqu'au dernier charbon,
Il enveloppait tout d'un regard paternel.

Et Dieu lui-même bon ensemble qu'éternel
Considérait son œuvre et trouvait qu'il est bien
Et qu'il était parfait et qu'il n'y manquait rien
Et que tout déroulait un ordre solennel.

Et la création était comme une tour
Qui s'élève au-dessus d'un immense palais.
Et le temps et l'espace assuraient les relais.

Et les jours de bonheur étaient comme un seul jour.

Et les fidélités étaient comme une tour.
Et le temps et l'espace en étaient les valets.
Et le temps et l'espace assuraient les délais.
Et les fidélités étaient un seul amour.

Un Dieu lui-même auteur ensemble qu'éternel
Considérait son œuvre et disait qu'il est bon.
De la fleur de pommier jusqu'au dernier chardon,
Il enveloppait tout d'un regard paternel.

Un Dieu lui-même auguste ensemble qu'éternel
Ne voyait que décence et qu'amour filial.
Et le monde d'esprit et le monde charnel
N'étaient devant ses yeux qu'un temple lilial.

Un Dieu lui-même père ensemble qu'éternel
Voyait partout ses fils et les fils de ses fils.
Et les champs de méteil et les champs de maïs
Étaient devant ses yeux une nappe d'autel.

Un Dieu lui-même neuf ensemble qu'éternel
Regardait l'univers comme un immense don.
Un monde sans offense, un monde sans pardon
Développait les plis d'un ordre solennel.

Un Dieu nouveau lui-même ensemble qu'éternel
Regardait ce que c'est que jeune nouveauté.
Père et laissant tomber un regard paternel,
Il voyait ce que c'est que naissante beauté.

Un bon Dieu bienveillant ensemble qu'éternel
Considérait son œuvre et trouvait qu'il est pur.
Un Dieu cultivateur, économe et réel
Voyait jaunir le seigle et trouvait qu'il est mûr.

Un beau Dieu statuaire ensemble qu'éternel

Considérait son œuvre et trouvait qu'il est beau.
Et le premier bercail et le dernier tombeau
N'étaient qu'un même asile égal et fraternel.

Vous n'avez plus connu ce manteau de bonheur
Jeté sur tout un monde et de béatitude,
Et ce fleuve et ce flot et cette plénitude,
Et ce consentement aux règles de l'honneur.

Vous n'avez plus connu ce manteau de tendresse
Jeté sur l'âme même et ce manteau d'honneur.
Vous n'avez plus connu cette chaste caresse
Et ce consentement aux règles du bonheur.

Vous n'avez plus connu ce manteau de bonté
Jeté sur tout un monde et cette bienveillance,
Et cette multitude et l'antique vaillance,
Et cette solitude et cette fermeté.

Vous n'avez plus connu ce manteau de satin
Jeté sur tout un peuple et dans cette allégresse
Tout un monde gonflé de la même tendresse
Depuis le ras du sol jusqu'au dernier gradin.

Vous n'avez plus connu cet auguste festin,
Et la sève et le sang plus purs qu'une rosée.
La jeune âme avait mis sa robe d'épousée,
Et la terre fleurait la lavande et le thym.

Et le jeune homme corps était alors si chaste
Que le regard de l'homme était un lac profond.
Et le bonheur de l'homme était alors si vaste
Que la bonté de l'homme était un puits sans fond.

Vous n'avez plus connu l'innocence du monde
Et les greniers bondés jusque sur le portail.
Vous n'avez plus connu cette race féconde
Et les prés débordant d'un immense bétail.

Vous n'avez plus connu qu'un sévère destin.
Vous n'avez plus connu la terre reposée.
Vous n'avez plus connu qu'un amour clandestin.
Vous n'avez plus connu la terre déposée.

Vous n'avez plus connu les blés inépuisables
Et les gerbes montant à l'assaut des greniers.
Vous n'avez plus connu les vignes inlassables
Et les grappes montant à l'assaut des paniers.

Vous n'avez plus connu les pas ineffaçables,
Et les moissons montant sous le vol des abeilles.
Les vendanges montant à l'assaut des corbeilles.
Les pas des vendangeurs dans les chemins de sables.

Vous n'avez plus connu les puits intarissables,
Et les moissons montant à l'assaut de la meule.
Vous n'avez plus connu qu'une âme errante et seule
Et des pas soupçonneux sur des chemins de sables.

Vous n'avez plus connu les jours impérissables,
Et les raisins montant à l'assaut du pressoir.
Et les treilles montant à l'assaut du dressoir.
Et des pas fastueux sur des chemins de sables.

Vous n'avez plus connu les blés involontaires,
Vous n'avez plus connu que de pauvres labours.
Vous n'avez plus connu que de pauvres amours.
Vous n'avez plus connu que des blés réfractaires.

Vous n'avez plus connu les blés inoubliables.
Vous n'avez plus connu que des jours moissonnés.
Et du haut du coteau des pins découronnés.
Et le commencement des jours inexpiables.

Vous n'avez plus connu que des puits tarissables,
Et sur de maigres champs de plus maigres labours.

Et sur de maigres ans de plus maigres amours.
Et du haut du plateau des cèdres pourrissables.

Et du haut du péché des âmes corruptibles.
Et du haut de la treille un pampre périssable.
Et du haut de l'orgueil l'envie impérissable.
Et du haut de l'amour des haines putrescibles.

Et du haut du bonheur la mort et l'épouvante,
Et du haut de l'honneur le travail et la peine.
Et du haut de l'amour l'amertume et la haine.
Et la honte maîtresse et la honte servante.

Et du haut de la mort la borne infranchissable,
Et la foi toujours pleine et toujours décevante.
Et du haut du destin le sort inconnaissable.
Et du haut de l'amour une pitié fervente.

Vous n'avez plus connu que le temps dans le lieu.
Vous n'avez plus connu la jeunesse du monde,
Et cette paix du cœur plus lourde et plus profonde
Que l'énorme Océan sous le regard de Dieu,

Vous n'avez plus connu que des biens périssables,
Et la succession et le vieillissement.
Et la procession des maux ineffaçables.
Et le regard voilé d'un appauvrissement.

Et le regard meurtri d'un affaiblissement,
Et sous le même front des yeux méconnaissables,
Et dans les mêmes yeux des pleurs intarissables,
Et les marques de mort et d'amortissement.

Et dans les mêmes yeux un tout autre regard,
Un regard de détresse et d'amoindrissement.
Et sous les mêmes cieux un tout autre hasard.
Un hasard de tendresse et d'avilissement.

Vous n'avez plus connu ce long désarmement
Et le cœur inondé d'une haute splendeur.
Et dans cette amplitude et ce contentement
Tout un monde noyé dans sa propre candeur.

Et ce repos d'un cœur qui ne manque de rien,
Et qui se sait servi de toute éternité.
Et qui reçoit son maître et possède son bien
Dans une solennelle et tremblante unité.

Et je vous aime tant, mère de notre mère,
Vous avez tant pleuré les larmes de vos yeux.
Vous avez tant levé vers de plus pauvres cieux
Un regard inventé pour une autre lumière.

Vous avez tant pleuré votre force première.
Vous avez tant voilé le regard de vos yeux.
Vous avez tant levé vers de plus pauvres cieux
Votre voix hésitante au seuil de la prière.

Et je vous aime tant, aïeule roturière.
Vous avez tant lavé le regard de vos yeux.
Vous avez tant courbé sous le courroux des cieux
Votre nuque et vos reins frissonnants de misère.

Vous avez tant levé vers une autre tempête
Une voix défaillante et tremblante d'amour.
Vous avez tant levé vers une pauvre fête
Un regard inventé pour un tout autre jour.

Vous avez tant levé le front de votre tête
Vers le repensement d'un plus noble séjour.
Vous avez tant levé vers le haut de la tour
Vos esprits épuisés d'une éternelle quête.

Et moi je vous salue ô la première femme
Et la plus malheureuse et la plus décevante
Et la plus immobile et la plus émouvante,

Aïeule aux longs cheveux, mère de Notre Dame.

Et moi je vous salue ô pleine d'épouvante
Et pleine de terreur au seuil des nouveaux jours
Et pleine de retraite au fond des nouveaux bourgs
Et moi je vous salue ô vainement fervente.

Et moi je vous salue ô première servante,
Aïeule des bergers et des bons serviteurs,
Aïeule des bouviers et des premiers pasteurs.
Et moi je vous salue ô première suivante.

Et moi je vous salue ô vainement vivante
Et vainement offerte à de pauvres malheurs,
Et la plus soucieuse et vainement savante
Et la plus douloureuse après les sept douleurs.

Et je vous aime tant, première soucieuse,
Et vainement assise aux jardins de la peur.
Et moi je vous salue ô la plus anxieuse
Et la plus écrasée aux rêves de torpeur.

Et la plus immuable aux robes de stupeur
Et la plus enfoncée en des chemins vaseux
Et la plus embourbée en des sentiers glaiseux
Et la plus capturée en un cercle trompeur.

Vous n'avez plus connu les flots tumultueux
Jaillis de la fontaine à nulle autre pareille.
Vous n'avez plus connu les manteaux somptueux
Jetés sur le muguet et la salsepareille.

Vous n'avez plus connu les bois silencieux
Gonflés de la beauté d'une auguste présence.
Vous n'avez plus connu dans la clarté des cieux
L'image et le reflet d'une auguste innocence.

Vous n'avez plus connu que des pas tortueux,

Vous n'avez plus connu qu'une éternelle absence.
Vous n'avez plus connu qu'une pauvre décence
Et la sévérité des chemins montueux.

Vous n'avez plus connu ces palais fastueux.
Vous n'avez plus connu qu'une pauvre chaumière.
Et vous êtes la seule et vous êtes première
Qui n'ayez plus connu ces blés tumultueux.

Vous n'avez plus connu les flots impétueux
Jaillis de la fontaine à nulle autre seconde.
Vous n'avez plus connu dans la clarté d'un monde
L'image et le reflet d'un soleil fastueux.

Vous n'avez plus connu les blés impétueux
Se mouvant à l'assaut des plaines infinies.
Et le blé sur son socle et les moissons bénies.
Et le recensement des blés respectueux.

Vous n'avez plus connu les blés présomptueux
Gouvernant les saisons comme une éternité,
Anticipant le temps en toute impunité,
Vous n'avez plus connu les blés torrentueux.

Vous n'avez plus connu les blés majestueux
Et le manteau royal au seuil de votre cour.
Vous n'avez plus connu les enfants fructueux
Et le manteau royal au seuil de votre amour.

Vous n'avez plus connu les blés tempétueux
Soulevant tout un monde en leur énorme vague,
Et l'homme sur son sol, et la senne, et la drague,
Et le dénombrement des blés affectueux.

Vous n'avez plus connu les blés tumultueux
Se bousculant pour naître et monter jusqu'à vous.
Sur la face de l'être et devant vos genoux
Vous n'avez plus connu que des blés vertueux.

Vous n’avez plus connu que des laborieux.
Vous n’avez plus connu les blés par grandes ondes.
Vous n’avez plus connu sur la face des mondes
La race des puissants et des victorieux.

Vous n’avez plus connu ces fontaines profondes.
Vous n’avez plus connu que des défectueux,
Et des gagne-petits et des délictueux,
Vous n’avez plus connu ces largesses fécondes.

Et ces flancs plus ombreux que le flanc d’un beau vase
Contenant une race éternelle et profonde.
Et ces regards noyés d’une profonde extase
Et tout émerveillés de la beauté d’un monde.

Vous n’avez plus connu la prodigalité
D’un monde qui savait se refaire à mesure.
Vous n’avez plus connu cette impudente usure
D’un monde ivre de sève et de vitalité.

Vous n’avez plus connu que de l’eau d’un canal.
Et le ménagement, et l’écluse, et le bief.
Et le gouvernement sous un si pauvre chef.
Et le lanternement sous un maigre fanal.

Vous n’avez plus connu que la parcimonie,
Et les épargnateurs et les conservateurs,
Et la petite épargne et cette ignominie, —
Aïeule des bouviers et des premiers pasteurs.

Vous n’avez plus connu que des blés vertueux,
Et les fausses moissons et les imitateurs.
Et les contrefaçons et les contrefacteurs.
Et les fausses maisons chez les infructueux.

Et les fausses raisons chez les talentueux
Et la soumission sous le législateur.

Et la dissension chez le pauvre amateur.
Et la fausse oraison dans le voluptueux.

Vous n'avez plus connu qu'une lente agonie
Et les collusions dans les mains des docteurs.
Et le faisceau lié dans la main des licteurs.
Et toute mauvaise herbe et toute zizanie.

Et moi je vous salue, ô bonne ménagère.
Mais quand on avait tout on ne ménageait pas.
Et je vous vois marcher, vigilante bergère.
Mais quand on avait tout nul ne comptait ses pas.

Et je vous vois veiller, vieille femme économe.
Mais quand on avait tout on ne ménageait rien.
Vous êtes la servante et le conseil de l'homme.
Mais quand on avait tout nul ne comptait son bien.

Je vous vois aujourd'hui fidèle et scrupuleuse,
Attentive et sévère et sage désormais.
Mais quand on avait tout, ô grande audacieuse,
Quand on avait toujours on ne comptait jamais.

Quand on avait la source et la lourde fontaine
Et le déversement nul ne canalisait.
Quand on avait la grâce et cette lourde plaine
Et le contentement nul n'économisait.

Quand on avait l'honneur en ces premiers moments,
Nul ne courbait le front devant le donateur.
Et le bonheur, promis aux plus graves tourments.
Ne baissait pas les yeux devant le spectateur.

Une foi sans symbole et sans inscription
Remontait toute seule aux pieds du créateur,
Comme une loi sans table et sans description
Se courbait sous les pieds de son législateur.

Quand on avait la foi dans ces premiers moments
On ne demandait pas des formules astreintes.
Quand on avait la loi sous ces premiers serments
On ne demandait pas des règles de contraintes.

Et quand on avait Dieu dans ces premiers moments,
On ne demandait pas des formules restreintes.
Quand on vivait heureux sous ces premiers tourments,
On ne demandait pas des règles et des craintes.

Et quand on avait tout rien ne se querellait
Et le déversement de la création
Se poursuivait sans hâte et sans dispersion.
Et quand on avait tout rien ne se morcelait.

Et quand on avait tout rien ne se harcelait.
On ne regardait pas alors à la dépense.
Et tout foisonnement portait sa récompense.
Et quand on avait tout rien ne s'écartelait.

Vous n'avez plus connu que cette vilenie,
Ô pâle aïeule assise entre de pâles fleurs.
Vous n'avez plus connu que la longue avanie,
Aïeule déplorable aux yeux pâlis de pleurs.

Et moi je vous salue ô femme entre les femmes,
Ô vainement assise aux portes du jardin,
Plus bas que la poterne et le dernier gradin,
Et que la tubéreuse et que les jusquiames.

Et moi je vous salue ô la plus précieuse
Et la plus prosternée aux genoux du destin.
Et la plus enchaînée aux maîtres du festin.
Et la plus anxieuse et la plus soucieuse.

Et moi je vous connais seule silencieuse
Et seule naufragée aux rives de mémoire.
Et seule préposée aux rayons de l'armoire.

Et seule diligente et seule officieuse.

Et je vous aime tant ô la plus sérieuse
Et la plus prosternée aux genoux du travail.
Et la plus inconnue et la plus glorieuse
Et la plus accouflée aux portes du bercail.

Et la plus accotée aux montants du portail,
Aïeule aux maigres doigts, seule laborieuse,
Et seule obéissante et seule impérieuse,
Et la plus accointée au coin du soupirail.

Et nul ne vous connaît, seule mystérieuse,
Ni l'homme votre fils, ni l'homme votre frère,
Ni l'homme votre époux, ni l'homme votre père,
Ni l'homme votre maître ô seule ambitieuse.

Vous n'avez plus mené qu'une vie attentive,
Ô seule curieuse et seule incurieuse.
Vous n'avez enfanté qu'une horde craintive,
Et tantôt défaillante et tantôt furieuse.

Vous n'avez plus connu qu'une race hâtive.
Vous n'avez plus connu qu'un monde qui dit non.
Des terres de Judée aux terres d'Épernon
Vous n'avez plus connu qu'une race furtive.

Vous n'avez plus connu la race affirmative.
Vous n'avez plus connu qu'un peuple qui dit non.
Et des bourgs de Judée au bourg de Maintenon
Vous n'avez plus perçu qu'une voix négative.

Vous n'avez plus connu la race positive.
Vous n'avez plus connu qu'un peuple qui dit non.
Des châteaux de Judée au château de Chinon
Vous n'avez plus perçu qu'une voix négative.

Vous n'avez plus connu qu'une race inventive.

Vous n'avez plus connu qu'un peuple qui dit non.
De la voix de Judith à la voix de Manon
Vous n'avez plus connu qu'une race fautive.

Vous n'avez enfanté qu'une race plaintive,
Tantôt rivée au sol, tantôt victorieuse,
Tantôt martyre et sainte, et sage ou furieuse,
Ô mère et c'est ma race et la race captive

Constamment accotée aux murs de sa prison
Et vous seule vivace et seule industrieuse,
Vous vous dépensez toute, ô seule besogneuse,
À laver la vaisselle et ranger la maison.

Ô vous qui pourchassez jusqu'au fin fond des coins
La poussière et l'ordure et toute impureté,
Toute disconvenance et toute improbité.
Maîtresse des labeurs, des veilles et des soins,

Vous qui prenez ce bois pour allumer la lampe
Et la mettre au milieu de la table servie,
Et qui prenez ce lin pour essuyer la rampe,
Et qui rangez les fleurs et qui rangez la vie,

Ô femme qui rangez les travaux et les jours,
Et les alternements et les vicissitudes,
Et les gouvernements et les sollicitudes,
Et la vieille charrue et les nouveaux labours.

Ô femme qui rangez les palais et les tours,
Et les retournements et les iniquités,
Et la jeune détresse et les antiquités.
Et la vieille tendresse et les nouveaux amours,

Femmes, je vous le dis, vous rangeriez Dieu même,
S'il descendait un jour dedans votre maison.
Vous rangeriez l'outrage, et l'oubli du blasphème,
Si Dieu vous visitait dedans cette prison.

Femmes, je vous le dis, vous rangeriez Dieu même,
S'il venait à passer devant votre maison.
Vous rangeriez l'offense, et le pouvoir suprême,
S'il venait à passer devant votre raison.

Que n'avez-vous rangé la colère divine.
Que n'avez-vous lavé la grande iniquité.
Il était temps alors. Que n'avez-vous quitté,
Quand il en était temps le creux de la ravine.

Femmes, je vous le dis, vous rangeriez la foudre.
Si Dieu vous l'envoyait dedans votre maison.
Vous rangeriez la grâce, et le pouvoir d'absoudre,
Si Dieu vous visitait dedans cette prison.

Que n'avez-vous rangé le premier anathème,
Cette fois qu'il tomba sur votre solitude.
Que ne l'avez-vous mis dedans votre système
De bon gouvernement et de mansuétude.

Femmes vous rangeriez jusqu'à l'eau du baptême,
Si Jean redescendait vers un nouveau Jourdain.
Vous rangeriez l'hostie, et l'huile, et le saint-chrême
Si l'homme revenait dans le premier jardin.

Femmes vous rangeriez dedans votre cuisine
Avec le pain du corps le pain spirituel.
Que n'avez-vous rangé jusque dans sa racine,
(Il était temps alors), l'arbre intellectuel.

Que n'avez-vous rangé l'arbre perpétuel
Cette fois qu'il jaillit au creux de la ravine.
Que n'avez-vous rangé l'arbre contractuel
Cette fois qu'il jaillit au flanc de la colline.

Que n'avez-vous rangé la couronne d'épine
Quand elle était encore un timide bourgeon.

Que n'avez-vous rangé cette blanche aubépine
Quand elle était encore un candide surgeon.

Que n'avez-vous rangé cette rouge églantine
Quand elle était encore une naissante rose.
Que n'avez-vous rangé la colère latine
Quand elle était encore une naissante cause.

Que n'avez-vous rangé le sceptre dérisoire
Quand il était encore un fragile roseau.
Que n'avez vous rangé la couronne illusoire
Quand elle était encore un fragile réseau.

Que n'avez-vous rangé pour la première fois
Quand il était encore un fragile arbrisseau
L'arbre au double destin, l'arbitre au double sceau,
L'arbre de la science et l'arbre de la croix.

Que n'avez-vous rangé dans un âge absolu
Quand il était encore un arbre jouvenceau,
L'arbre au double destin, l'arbitre au double sceau,
L'arbre de la potence et l'arbre du salut.

Que n'avez-vous rangé dans un ordre absolu
Avant qu'il fût entré sous la seconde loi,
L'arbre au double destin, l'arbitre de la foi,
L'arbre de la créance et l'arbre du salut.

Que n'avez-vous lavé, diligente laveuse,
Mon front ensanglanté devant qu'il fût sanglant.
Que n'avez-vous alors, ô grande lessiveuse,
Lavé ma pâle face et mon auguste flanc.

Que n'avez-vous alors, ô femme de lessive,
Lavé ma barbe rousse et mes cheveux sanglants.
Que n'avez-vous alors, maternelle et pensive,
Soutenu ma faiblesse et mes pas chancelants.

Que n’avez-vous alors, aïeule au chef branlant,
Quand j’étais plein d’injure et couvert d’avanie,
Que n’avez-vous alors, aïeule au chef tremblant,
Essuyé cette ordure et cette ignominie.

Que n’avez-vous alors, ô femme de journée,
Préparé la maison pour la dernière fête.
Que n’avez-vous alors, ô laveuse acharnée,
Lavé mes cheveux roux et ma barbe défaite.

Que n’avez-vous alors, aïeule et châtelaine,
Balayé le château pour mon dernier repas,
Et balayé les fleurs pour mon dernier trépas,
Et balayé la mort pour ma dernière Cène.

Que n’avez-vous aussi balayé les soldats,
Et l’injustice assise au cœur du tribunal.
Et le treizième apôtre et le baiser vénal,
Et le consentement aux lèvres de Judas.

Que n’avez-vous alors, ô femme de ménage,
Essuyé le péché devant qu’il fût commis.
Que n’avez-vous enfin dans votre voisinage
Accueilli le sauveur avant qu’il fût promis.

Que n’avez-vous alors, ô mon âme, ô ma mère,
Essuyé les deux pleurs jaillis des mêmes yeux.
Que n’avez-vous alors, ô cent fois centenaire,
Recueilli le seul cri poussé vers d’autres cieux.

Vous savez aujourd’hui gouverner votre race,
Vous savez distinguer et le tien et le mien.
Vous savez décompter le geste et la menace.
Mais quand on avait tout, on ne décomptait rien.

Vous savez aujourd’hui gouverner l’amour même,
Et l’amour filial d’avec le maternel.
Et le fils dernier-né d’avec le pénultième,

Mais quand on avait tout, tout était éternel.

Vous savez aujourd'hui gouverner l'honneur même,
Et l'honneur trivial d'avec l'originel.
Et le jour de la mort d'avec le jour suprême,
Mais quand on avait tout, tout était solennel.

Vous savez aujourd'hui gouverner votre bien,
Distinguer l'intérêt d'avec le capital ;
Et la communauté, du régime dotal.
Mais quand on avait tout, on ne rajoutait rien.

Vous savez aujourd'hui ce que chacun rapporte,
Et ce que chacun coûte, et comment, et combien.
Ô vainement assise en dehors de la porte :
Mais quand on avait tout on ne retranchait rien.

Vous savez aujourd'hui ce que chacun rapporte,
Et le meuble et l'immeuble et la chèvre et le chien.
Ô vainement assise au seuil de l'autre porte :
Mais quand on avait tout, on ne rapportait rien.

Vous savez aujourd'hui ce que chacun dérobe,
Le maître et le valet, le fils et le gardien.
Ô pauvrement assise en cette pauvre robe :
Mais quand on avait tout, on ne dérobait rien.

Vous savez aujourd'hui ce que chacun supporte,
Et l'esclave et le maître, et la femme et le chien.
Ô vainement assise au coin de l'autre porte :
Mais quand on avait tout, on ne supportait rien.

Vous savez aujourd'hui ce que chacun détourne,
Mais quand on avait tout on ne détournait rien.
Et vous savez surtout ce que tout homme ajourne :
Car c'est son sauvetage et son souverain bien.

Vous savez aujourd'hui dans quel four on enfourne

Et le pain pour hier, et le pain pour demain.
Et par là vous savez ce que tout homme ajourne :
Car c'est sa pénitence et c'est son lendemain.

Vous savez aujourd'hui dans quel temple on enfourne
Et l'oubli pour hier, et l'oubli pour demain.
Et par là vous savez ce que tout homme ajourne :
Et c'est sa pénitence et c'est son examen.

Vous savez aujourd'hui ce que chacun détourne,
Le fisc et le larron et le voleur de nuit.
Et par là vous savez ce que tout homme suit :
Et par là vous savez où tout homme retourne :

Et c'est au vieux péché couvé dans le vieux cœur.
Et c'est au vieux palais d'antique turpitude.
Et c'est aux vieux genoux de l'antique habitude.
Et c'est aux vieux lacets du plus ancien traqueur.

Et c'est au vieux chenil de l'antique piqueur.
Et c'est au vieux fournil du plus vieux boulanger.
Et c'est au vieux courtil du plus mauvais berger.
Et c'est au pli fané des lèvres du moqueur.

Et c'est à ce tourment d'un vieil accent du chœur.
Et c'est au vieux château de longue lassitude.
Et c'est aux vieux tréteaux de fausse certitude.
Et c'est au pli grossier des lèvres du vainqueur.

Et c'est aux liaisons d'antique servitude.
Et c'est aux vieux falots de ses casernements.
Et c'est aux vieux cachots de ses internements.
Et c'est aux courbements de sa décrépitude.

Et c'est aux vieux genoux de ses prosternements.
Et c'est aux vieux palais de sa sollicitude.
Et c'est aux vieux relais de sa vicissitude.
Et c'est au carrefour de ses gouvernements.

Vous savez aujourd'hui ce que chacun détourne,
Le roi, le gouverneur, le Christ et le larron,
Le bourgeois, le vilain, le clerc et le baron,
Et par là vous savez ce que l'homme contourne :

C'est le cap de la mort et c'est l'oubli de Dieu.
Et de la haute mer et du dernier naufrage.
Et du phare et du port et du dernier barrage.
Et de prendre la foi juste par le milieu.

Vous savez aujourd'hui ce que chacun détourne,
L'intendant, le notaire et le même gardien.
Et par là vous savez comment tout homme tourne :
Mais quand on avait tout, on ne détournait rien.

Vous savez aujourd'hui ce que tout homme plaide.
Car c'est son indigence et son infirmité.
Mais par là vous savez à quoi tout homme cède :
C'est à sa complaisance et sa difformité.

Vous savez aujourd'hui comme on creuse une tombe.
Et ce qu'il faut de terre au corps le plus aimé.
Mais par là vous savez à quoi l'homme retombe.
Et c'est toujours au saint qu'il a le plus chômé.

Vous savez comme on ferme une chaste paupière.
Et ce qu'il faut d'espace aux deux yeux les plus beaux.
Vous avez tant baisé jusque dans leurs tombeaux
Les fils de votre amour et de votre misère.

Vous savez aujourd'hui dans quoi l'homme se prend.
Et c'est dans les réseaux du plus ancien trappeur.
Mais par là vous savez où tout homme se rend.
Et c'est sous les arceaux de la plus vieille peur.

Vous savez aujourd'hui ce que tout homme paye
Pour demeurer fidèle aux règles de l'honneur.

Mais par là vous savez ce que tout homme raye
De la liste des biens qu'il demande au bonheur.

Vous savez aujourd'hui ce que tout homme pèse.
Et c'est un peu de cendre au creux de votre main.
Mais par là vous savez ce que c'est que demain.
Et c'est la même argile et c'est la même glaise.

Vous savez aujourd'hui ce que tout homme achète
Et ce qu'il veut trouver aux marchés du bonheur.
Mais par là vous savez de quel sceau se cachète
L'antique obéissance aux règles de l'honneur.

Vous savez aujourd'hui de quoi l'homme se garde.
Et c'est de se tourner vers le Seigneur son Dieu.
Mais par là vous savez ce que l'homme regarde.
C'est la plus pauvre cendre et le plus maigre feu.

Vous savez aujourd'hui de quoi l'homme se garde.
Et c'est de se tourner vers le Seigneur son père.
Mais par là vous savez ce que l'homme regarde.
C'est la plus tremblotante et caduque lumière.

Vous savez aujourd'hui de quoi l'homme se garde.
Et c'est de se tourner vers notre unique Dame.
Mais par là vous savez ce que l'homme regarde.
C'est la plus décevante et vacillante flamme.

Le peu qu'il fait de bon, ce n'est que par mégarde.
Mais ce qu'il fait de faux et de délictueux,
Et ce qu'il fait de trouble et de défectueux,
C'est par sa vigilance et par sa prude garde.

Le peu qu'il fait de bon, c'est pure négligence,
Et c'est qu'il n'a pas su comment faire autrement.
Mais ce qu'il fait de sot et de dérèglement,
Voilà le propre effet de son intelligence.

Le peu qu'il fait de bon, ce n'est que par hasard
Et par le double jeu de sa double fortune.
Mais ce qu'il fait tout seul c'est sa basse rancune,
Sa tête de carton et son cœur de bazar.

Vous savez aujourd'hui de quoi l'homme se garde.
Et c'est de se tourner vers le seuil du tombeau.
Mais par là vous savez ce que l'homme regarde.
C'est la plus pâle flamme et le maigre flambeau.

Vous savez aujourd'hui ce que chacun préfère,
Et c'est de se ranger dans un illustre port.
Mais par là vous savez ce que chacun diffère :
Et c'est de se tourner vers le jour de sa mort.

Vous savez aujourd'hui ce que chacun préfère.
Et c'est de se ranger sous un illustre sort.
Mais par là vous savez ce que chacun diffère :
Et c'est de se pencher sur le jour de sa mort.

Vous savez aujourd'hui de quoi l'homme se garde.
Et c'est de se tourner vers son maître et son Dieu.
Mais par là vous savez ce que l'homme regarde :
C'est la plus pauvre flamme et le plus maigre feu.

Vous savez aujourd'hui de quoi l'homme se garde.
Et c'est de se tourner vers son maître et son père.
Mais aussi vous savez ce qui le désespère.
Ce qui fait ses yeux creux et sa face hagarde.

Vous savez aujourd'hui de quoi l'homme se garde.
Et c'est de se tourner vers notre unique Dame.
Mais aussi vous savez ce qu'il fait de son âme.
Et comme il a troqué l'antique sauvegarde.

Vous savez aujourd'hui ce que chacun détourne,
Et par là vous savez ce que chacun poursuit.
Et par là vous savez en quoi tout homme nuit.

Et par là vous savez où tout homme séjourne :

Et c'est dans un séjour d'antique pestilence.
Dans la décrépitude et le délabrement.
Dans la désuétude et le désœuvrement.
Dans le mépris du chaste et solennel silence.

Vous savez aujourd'hui ce que chacun déporte
Vers le déportement d'un éternel exil.
Et par là vous savez ce que chacun transporte
Dans le transportement d'un éternel péril.

Vous savez aujourd'hui ce que chacun reporte
Vers le reportement d'un exil éternel.
Ô vainement assise au seuil de l'autre porte.
Vainement reléguée en ce monde charnel.

Vous savez aujourd'hui ce que chacun dépense,
L'honnête homme et le sot, le fat et le vaurien.
Vous savez ce que vaut la haute récompense.
Mais quand on avait tout, on ne compensait rien.

Vous savez aujourd'hui ce que chacun détourne,
Et par là vous savez ce que tout homme suit.
Et par là vous savez où tout homme conduit
Ce regret qu'il oppose au remords qu'il retourne.

Vous savez aujourd'hui ce que chacun détourne,
Et par là vous savez ce que tout homme fuit.
Et par là vous savez que tout homme retourne
Dans le désolement d'une éternelle nuit.

Vous savez aujourd'hui que tout homme retourne
Dans le désolement de sa sollicitude.
Et par là vous savez ce que chacun détourne
Du trésor de regret et de vicissitude.

Vous savez aujourd'hui ce que chacun détourne

Du seul trésor ouvert à nos cupidités.
Et par là vous savez comment l'homme retourne
Le champ de ses remords et ses avidités.

Vous savez aujourd'hui comment l'homme retourne
Ce regret qu'il recreuse au fin fond de son cœur.
Et par là vous savez dans quel antre séjourne
La lamentation de ce pauvre vainqueur.

Et vous savez aussi ce que tout homme coûte
Et que l'homme a coûté le sang même d'un Dieu.
Et vous savez ainsi par quelle affreuse route
Un condamné monta jusqu'au dernier haut lieu.

Vous savez aujourd'hui ce que chacun rapporte.
Vous avez établi ce compte redouté.
Ô vainement assise au seuil de l'autre porte :
L'homme rapporte peu pour ce qu'il a coûté.

Vous qui savez ranger, diligente lingère,
Et compter les trousseaux aux rayons de l'armoire ;
Vous qui savez ranger, docile messagère,
Et compter les arceaux au temple de mémoire ;

Vous qui savez ranger, diligente lingère,
Et compter les bonheurs aux temples de l'armoire ;
Vous qui savez ranger, docile messagère,
Et compter les honneurs aux rayons de mémoire ;

Vous qui savez ranger, diligente lingère,
Et compter le beau linge aux rayons de l'armoire ;
Vous qui savez ranger, docile messagère,
Et compter les beaux jours aux rayons de mémoire ;

Vous qui savez ranger, aïeule passagère,
Et compter les beaux jours partis au fil de l'eau ;
Vous qui savez ranger, aïeule viagère,
Et compter le bois d'orme et le bois de bouleau ;

Vous qui savez ranger, vigilante bergère,
Et compter les brebis et les jeunes agneaux ;
Vous qui savez ranger, savante boulangère,
Le pain de chaque jour et les jeunes gâteaux ;

Vous qui savez ranger les graines fourragères,
Et compter le sainfoin et le trèfle incarnat ;
Vous qui savez ranger les herbes potagères,
Et les rubans ponceau sur la robe grenat ;

Vous qui savez ranger, vainement horlogère,
Les heures de la nuit et les heures du jour ;
Vous qui savez inscrire en un même pourtour
Le robuste poirier et la pâle fougère ;

Vous qui savez ranger sur la frêle étagère
Les fleurs du souvenir et les fleurs du regret ;
Vous qui savez ranger dans le creux d'un coffret
La cendre et le débris d'une peine étrangère.

Vous qui savez ranger dans le creux d'un secret
Une amour éternelle encor que viagère ;
Vous qui savez plier sous le pli d'un décret
Une haine immortelle encor que passagère.

Vous qui savez plier un auguste remords
Comme on plie un linceul aux rayons de l'armoire.
Vous qui savez compter les vivants et les morts
Et ranger tout un peuple aux rayons de mémoire.

Vous qui savez connaître une herbe mensongère
Et qui la bannissez du savant pot-au-feu ;
Ô femmes qui pouvez dans le plus cruel jeu
Tricher d'un cœur tranquille et d'une main légère.

Vous qui savez ranger les herbes bocagères
Et mettre sous vos lois la bruyère et l'ajonc.

Vous qui savez tresser et la paille et le jonc
Pour le recueillement des plantes maraîchères.

Vous qui savez compter comme un bien périssable
La grappe suspendue au fronton de la treille.
Vous qui perdez de vue et le fleuve et le sable
Et ne connaissez plus qu'une pauvre corbeille.

Vous qui savez compter dans le nombre des fleurs
La rose suspendue au cerceau du rosier.
Vous qui savez compter dans le nombre des pleurs
Une enfant suspendue en un berceau d'osier.

Vous qui méconnaissez les vaisseaux sur la plage,
Mais classez et comptez les sacs jusqu'au dernier.
Vous qui méconnaissez les arceaux et l'ombrage
Et ne voyez plus rien qu'un malheureux panier.

Vous avez pu compter, ô bonne ménagère,
À combien revenait le sang que j'ai versé.
Vous avez pu noter, exacte messagère,
À combien revenait ce flanc qu'ils ont percé.

Vous avez pu compter, vigilante bergère,
Combien de mes agneaux sont sous la dent des loups.
Vous avez pu noter, aïeule passagère,
Combien de mes martyrs sont dans les mains des fous.

Vous avez pu noter, savante boulangère,
Si le pain que j'ai cuit était cuit pour toujours.
Et si j'ai pu pétrir une pâte étrangère
Dans le raccordement des travaux et des jours.

Vous avez pu compter, inlassable horlogère,
Les heures et les jours d'une lente agonie.
Et si j'ai pu tisser pour une nouvelle ère
Le chanvre et l'écheveau de mon ignominie.

Vous avez pu laver, inlassable lingère,
Le linge ensanglanté du plus pur de mon sang.
Mais pourra-t-on blanchir pour un autre mystère
Ce lambeau qui pendait de mon auguste flanc.

Le pain que je rompis était mon propre corps.
Le vin que je fis boire était mon propre sang.
La mort que je subis était vos propres morts.
La foi que je fis croire était mon propre flanc.

Le pain que j'ai rompu pour mon illustre Cène
Était le pain d'amour et de communion.
Et le vin qui coula d'une illustre fontaine
Était le vin d'offrande et de libation.

Vous avez pu compter, inlassable économe,
Combien m'a rapporté le meilleur de mon sang.
Vous savez à présent à combien revient l'homme
Et si c'est du quarante ou du quatre pour cent.

Vous avez pu compter, inlassable intendante,
Si je suis descendu de mon illustre rang.
Vous avez pu noter, aïeule précédente,
Si je me suis assis sur un infâme banc.

Vous avez pu compter, aïeule confidente,
À quel taux j'ai placé la couronne d'épines.
Vous avez pu noter, aïeule très prudente,
Ce que m'ont rapporté mes strictes disciplines.

Vous avez pu compter, maîtresse de maison,
À quel taux j'ai placé le repas de ma table.
Vous avez pu compter en ma jeune saison
À quel taux j'ai loué ma place dans l'étable.

Vous avez pu compter, maîtresse de raison,
À quel taux j'ai loué la pierre pour ma tête.
Vous avez pu compter, maîtresse d'oraison,

À quel taux j'ai placé la prière et la fête,

Et ce dernier repas dans un dernier hôtel.
Vous avez pu compter, aïeule respectable,
À quel taux j'ai placé ma mort inéluctable,
Et combien j'ai payé sur un dernier autel.

Ô femmes qui pouvez dans le secret du cœur
Classer la liaison désormais étrangère,
Et classer la victoire et classer le vainqueur,
Et classer une foi désormais mensongère.

Et classer une paix comme on classe une guerre,
Et classer une amour désormais périssable.
Et tirer la même eau du puits intarissable.
Et tirer l'Homme enfin d'une race vulgaire.

Ô femmes qui rangez dans le creux d'un secret
Une déliaison désormais infidèle.
Aïeule qui guettez la dernière hirondelle
Pour enfermer l'hiver en un dernier coffret.

Ô femmes qui rangez dans le creux d'un regret
Une déliaison désormais inutile
Et qui savez classer sur un pauvre livret
À toute heure du jour l'épargne mercantile :

Vous avez pu ranger la race des prophètes
Et la race des saints et le sang du martyr.
Vous avez pu ranger tous les trésors de Tyr.
Et tout l'or amassé pour ces uniques fêtes.

Et tout le sang versé par la gueule des bêtes.
Et le sang du martyr et le sang du bourreau.
Vous avez pu ranger l'infâme tombereau
Et la barque échappée aux gueules des tempêtes.

Vous rangez la victoire autant que la défaite,

Et tout vous est égal dans un même labeur.
Vous rangez l'énergie autant que la stupeur,
Et tout vous est égal dans une paix mal faite.

Vous ne connaissez rien qu'une fortune hostile
Guettant à votre porte et levant le rideau.
Vous ne connaissez rien qu'une main versatile
Et cet écrasement d'un immense fardeau.

Et votre front cerné d'un stupide bandeau.
Et l'immobilité de la nuit et des ombres.
Et les vagues croulant en énormes décombres.
Et vos enfants partis sur un frêle radeau.

Et tout vous est égal et tout vous est étroit.
Vous redoutez autant les bons que les pervers.
Tout bonheur qui vous vient vous arrive à l'envers.
Mais tout mal qui vous vient vous arrive à l'endroit.

Les eaux ne coulent pas, les bois ne sont pas verts,
Les cieux ne sont pas purs pour votre anxiété.
Vous ne connaissez rien dans l'immense univers
Qui ne soit l'instrument d'une infélicité.

Tout vous demeure égal sous une égale peur.
Vous n'attendez jamais de vos secrets effrois,
Vous n'attendez jamais des peuples et des rois
Que le déroulement d'une immense torpeur.

Vous avez pu ranger et la faiblesse humaine
Et le tétrarque Hérode : après qu'il m'eut haï.
Vous avez pu ranger et la lance romaine
Et Pilate et Judas, mais quand il m'eut trahi.

Vous avez pu ranger Caïphe le grand-prêtre
Et le soldat Malchus : après qu'il eut servi.
Vous rangez toute forme et vous rangez tout être
Et vous rivez les fers, quand l'homme est asservi.

Vous avez pu ranger le mont nommé Calvaire
Ou le mont Golgotha, mais quand je l'eus gravi.
Vous rangez l'or, l'airain, le cristal et le verre,
Et la clef du trésor, après qu'il est ravi.

Vous avez pu ranger la couronne d'épine,
La verge et le roseau, mais quand il eut servi.
Vous avez pu ranger la stricte discipline,
La honte et la fureur : après qu'elle eut sévi.

Vous avez pu ranger et la sainte colline,
Autrement dit Sion, après qu'elle eut péri.
Vous avez pu ranger et la creuse ravine
Où coulait le Cédron, après qu'il fut tari.

Vous avez pu ranger la chaise du préteur
Et le préteur lui-même : après qu'il eut servi.
Et les bancs du public et le blasphémateur
Et la tourbe et la foule : après qu'elle eut suivi.

Vous avez pu ranger l'auguste tribunal.
Vous écoutez parler les interlocuteurs.
Vous écoutez marcher tout le code pénal.
Vous écoutez chanter tous les persécuteurs.

Vous avez su ranger les bois du sacrifice.
Les clous et le marteau, mais quand il eut frappé.
Vous rangez la prière et vous rangez l'office.
Et vous rangez le temps, quand il est échappé.

Vous rangez l'épouvante et le dernier supplice.
Vous écoutez marcher le jugement de Dieu.
Vous allumez la lampe et regardez le feu.
Vous rangez l'ostensoir et le dernier calice.

Éternelle économe, éternelle ouvrière,
Vous rangez le salut, quand il est écoulé.

Ô femme médicale et femme infirmière,
Vous épongez le sang, après qu'il a coulé.

Femmes, je vous le dis, vous rangeriez l'autel.
Vous rangeriez l'hostie, et l'huile, et le saint Chrême.
Vous rangeriez le pape et le pouvoir suprême.
Vous rangeriez l'offense et le péché mortel.

Femmes, je vous le dis, vous rangeriez Dieu même,
Et vous l'avez rangé la fois qu'il est venu.
Vous l'avez salué, vous l'avez reconnu,
Vous avez recueilli le nouveau diadème,

La couronne coupée au long de la colline.
Vous avez recueilli le sceptre dérisoire.
Vous avez regardé le meurtre provisoire,
Et les trois longs gibets jaillis de la ravine,

Et le jeune roseau né pour un autre sort.
Vous avez pu ranger la muette agonie
Et toute forfaiture et toute ignominie.
Vous rangez le cilice et le jour de la mort.

Vous avez pu ranger le meurtre expiatoire, —
Ô femmes qui pleuriez, — mais quand il fut fini.
Vous avez pu ranger et l'interrogatoire
Et l'homme interrogé, mais quand on l'eut honni.

Vous regardez passer le meurtre expiatoire.
Dans le bannissement vous classez le banni.
Vous regardez trôner et l'interrogatoire
Et l'interrogateur, avant qu'il fût puni.

Vous regardez monter l'offrande et l'offertoire.
Vous classez la défense et le contradicteur.
Ô vainement assise aux marches du prétoire,
Vous regardez monter la hache du licteur.

Vous classez la bataille et classez la victoire.
Et vous classez l'offense avec l'accusateur.
Ô vainement assise aux marches de l'histoire,
Vous regardez monter l'oubli consolateur.

Vous classez le néant et vous classez le monde.
Ô vainement assise aux marches de l'autel,
Vous regardez monter cette vague profonde,
Vous regardez grandir le grand péché mortel.

Vous regardez monter la vague de luxure,
Ô vainement assise au seuil de pureté.
Vous regardez monter ce flot de dureté
Du cœur et tant de honte et tant de flétrissure.

Vous regardez monter cette immense mer Morte,
Ce flot de pestilence et d'opiniâtreté,
Ô vainement assise au seuil de dureté,
Ô vainement assise à votre propre porte.

Vous regardez monter ce flot de turpitude.
Vous pensez à vos fils assis dans le jardin.
Vous regardez monter jusqu'au dernier gradin
La vague d'indécence et de décrépitude.

Vous pensez à vos fils nés pour un autre sort,
Secrètement armés contre la multitude.
Ô vainement assise aux marches de la mort,
Vous pensez à vos fils nés pour la solitude.

Vous regardez monter l'océan d'avarice,
Tout un monde noyé dans la honte d'argent.
Et le débordement du plus hideux caprice.
Et l'astuce et la ruse et l'immonde entregent.

Vous regardez monter la lourde ingratitude.
Et ce dévêtement de la vénalité.
Vous voyez s'étaler l'immense platitude.

Et cet écrasement sous la banalité.

Vous voyez s'étaler la lourde turpitude,
Ô vainement assise au seuil de pauvreté.
Vous voyez s'en aller cette longue habitude,
Les mœurs de la justice et de la liberté.

Vous regardez monter cette double luxure,
La luxure d'hier sous celle de demain.
Vous regardez saigner cette double blessure,
Au creux de ma main gauche et de ma droite main.

Vous regardez monter cette double luxure,
La luxure d'argent sous la luxure d'or.
Vous voyez se gonfler cet immonde trésor.
Vous voyez puruler la double pourriture.

Vous regardez monter cette double aventure,
La luxure du cœur, la luxure du sang.
Vous regardez monter la double forfaiture
Comme une double lance à mon malheureux flanc.

Vous regardez monter cette lourde mainmorte,
L'avarice du cœur sous l'ancienne avarice,
Ô vainement assise à votre pauvre porte
Vous regardez saigner la double cicatrice.

Vous regardez monter cette double insolence,
La luxure du cœur sous les stupres anciens.
Vous regardez monter dans l'antique silence
Le long délaissement de Dieu parmi les siens.

Vainement réchauffée aux tisons de ce feu,
Vainement acouflée à cette vieille dalle,
Vous pleurez longuement sur ce nouveau scandale :
L'argent devenu maître à la place de Dieu.

Tout se vend et s'achète et se livre et s'emporte.

Rien ne se donne plus et moi j'ai tout donné.
Ô vainement assise à votre chère porte,
C'est donc là le salut que nous avons sonné.

Tout se voit et se vaut et se vend à la porte.
Tout s'étale et triomphe et se vend au marché.
Tout se montre et se dit et se place et rapporte :
Est-ce là le salut que nous avons cherché.

Tout se vante et s'exhibe et se porte à la halle.
Vous pensez à vos fils nés d'un autre destin.
Vous regardez monter vers un dernier matin
Le long déroulement du plus grossier scandale.

Vous avez pu ranger le reniement de Pierre.
Vous rangez le sommeil, et la veille, et les larmes.
Vous rangez la vaillance et le métier des armes.
Vous rangez le regard sous la lourde paupière.

Et vous rangez la voix jusqu'au fond de la gorge.
Et vous rangez les pleurs jusqu'au fin fond des yeux.
Vous rangez le Seigneur jusqu'au fin fond des cieux.
Vous rangez la brûlure au fin fond de la forge.

Et vous rangez la paix jusqu'au fin fond des guerres.
Et vous rangez le fer laissé dans la blessure.
Vous regardez monter cette double luxure,
La luxure du sang et des ruses vulgaires.

Vous avez pu ranger le reniement de Pierre.
Mais pourrez-vous ranger le nouveau reniement.
Vous avez pu ranger les monuments de pierre.
Mais pourrez-vous ranger le nouveau monument.

Vous avez pu ranger le sépulcre de pierre.
Mais pourrez-vous ranger d'un égal rangement,
Et par le seul effet d'un long ménagement,
Le deuil enseveli sous la lourde paupière.

Vous avez pu ranger la charrue et le glaive.
Rangerez-vous jamais nos nouveaux armements.
Pourrez-vous refouler dans les casernements
Le monstrueux effort du monde qui se lève.

Vous regardez monter cette double avarice,
Le manquement de cœur et le manque de sang.
Vous regardez saigner la double cicatrice,
L'atteinte vers le cœur, l'atteinte vers le flanc.

Vous regardez saigner la double flétrissure.
Vous poursuivez l'orgueil jusqu'au fond de la plaie.
Vous regardez monter cette double luxure,
La sanie et l'envie et le saint sur la claie.

Vous regardez monter cette double impuissance,
L'impuissance d'aimer et celle de haïr.
Vous regardez monter cette double licence,
La licence d'aimer et celle de trahir.

Vous voyez s'en aller cette double puissance,
La puissance d'aimer et celle d'obéir.
Vous voyez succomber cette double décence,
La décence d'aimer et celle de faillir.

Vous regardez sombrer cette double clémence,
La clémence d'amour et de fraternité.
Vous regardez monter cette double démence,
La démence de haine et d'inhumanité.

Et moi je vous salue, ô reine de décence.
Vous rangez le fumier dans le fond du jardin.
Vous balayez le seuil et le premier gradin.
Et vous vous avancez, merveille d'innocence.

Et vous vous tenez là, reine de réticence.
Et l'homme n'est qu'un sot devant votre balai.

Des ordures du jour vous faites un remblai,
Un tas devant la porte, et par obéissance

Vous ramassez la fleur après qu'elle est fanée.
Aux justices de Dieu vous faites un délai.
Des injures du jour vous faites le déblai.
Vous ramassez l'avoine après qu'elle est vannée.

Après le dernier pas de la procession,
Quand l'évêque est passé vous ramassez la rose
Et le lis et l'œillet et la robe déclose
Après le dernier pas de l'intercession.

Quand le pape est passé vous ramassez la prose.
Vous ramassez la gerbe, après qu'elle est glanée.
Vous ramassez la messe, après qu'elle est sonnée.
Vous ramassez le buis avec le laurier-rose.

Quand l'effet est passé, vous ramassez la cause.
Vous ramassez l'honneur, après qu'il est flétri.
Vous rangez le bonheur, après qu'il a péri.
Vous mettez le tilleul avec la passe-rose.

Vous ramassez la grâce, après qu'elle est donnée.
Vous ramassez la source après qu'elle est tarie.
Vous rangez la douleur quand elle est défleurie.
Vous rangez la moisson quand elle est moissonnée.

Vous avez ramassé les cailloux et les pierres :
Quand on les eut jetés sur le premier martyr.
Vous ramassez l'horreur et l'effroi de partir :
Quand ils sont descendus sous l'arceau des paupières.

Vous avez pu ranger le mont nommé Calvaire
Et recueilli mon corps : quand on l'eut descendu.
Vous rangez le remords, le regret plus sévère.
Vous recueillez mon corps : quand on l'a dépendu.

Femme je vous le dis, mais rangerez-vous Dieu,
Quand il viendra s'asseoir au dernier tribunal.
Rangerez-vous l'archange et le code pénal.
Et l'espace et le nombre et le temps et le lieu.

Rangerez-vous alors d'un dernier rangement
Le vaisseau tout chargé du péché d'Israël.
Rangerez-vous Achab à côté d'Ismaël.
Rangerez-vous le jour du dernier jugement.

Rangerez-vous alors l'énorme chargement.
Balaierez-vous alors les marches de l'autel.
Rangerez-vous l'offense et le péché mortel.
Aménagerez-vous cet aménagement

De tout le temporel dans son dernier ménage.
Et cette énormité du déménagement
De tout le temporel hors de son apanage.
Et cette énormité de l'emménagement

De tout le temporel dans son nouveau partage.
Rangerez-vous alors le découragement
Du vieux cœur temporel hors de son vieux courage.
Rangerez-vous alors tout le dérangement

De l'homme temporel hors de son vieux village.
Rangerez-vous alors tout le dégagement
De la foi temporelle hors de son premier gage.
Rangerez-vous la liste avec l'émargement.

Rangerez-vous la honte et l'épouvantement
De l'homme enseveli dans un suprême orage.
Rangerez-vous l'horreur et le saisissement
De l'homme suspendu sur un dernier barrage.

Rangerez-vous la barque et le gouvernement.
Et vos fils emportés sur un frêle radeau.
Rangerez-vous la lampe et le dernier rideau.

Rangerez-vous le port et le débarquement.

Femme, vous m'entendez : quand les âmes des morts
S'en reviendront chercher dans les vieilles paroisses,
Après tant de bataille et parmi tant d'angoisses,
Le peu qui restera de leurs malheureux corps ;

Et quand se lèveront dans les champs de carnage
Tant de soldats péris pour des cités mortelles,
Et quand s'éveilleront du haut des citadelles
Tant de veilleurs sortis d'un terrible hivernage ;

Et quand s'éveilleront, d'un terrible réveil,
Tant de guetteurs assis au faîte de la tour,
Et quand les chambellans et les dames d'atour
S'arracheront des bras de l'antique sommeil ;

Quand tout ne sera plus que poussière et que cendre,
Quand se réveillera la belle au bois dormant,
Quand le page et la reine et le prince charmant
Diront : C'est le grand jour ; ô maître il faut descendre ;

Et quand tous trembleront, et de la même transe,
Disant : L'heure est sonnée, il est temps de paraître ;
Et quand le roi Louis et quand le roi de France
Ne sera plus qu'un pauvre et qu'un malheureux être ;

Quand ne sonnera plus la cloche du baptême,
Et l'entrée à la messe et le saint sacrement,
Et la jeune promesse et le grave serment,
Et l'automne fleuri de grave chrysanthème ;

Quand ne sonneront plus les temporelles vêpres
Et l'entrée à la messe et l'auguste salut,
Et quand apparaîtra dans un âge absolu
L'éternelle hideur des temporelles lèpres ;

Quand on n'entendra plus au cœur des grandes fêtes

Monter l'*in excelsis* et le *Magnificat*,
Quand on ne verra plus sur l'océan des têtes
Tomber le *Dominus* et le *Benedicat*

Vos omnipotens Deus dans les siècles des
Siècles, quand ne monteront plus les *Hosanna*,
Et le dur *Sabaoth* et les *Alleluia*,
Et le tragique *Agnus* ; femme, vous m'entendez :

Quand on ne verra plus vers les jours de Noël
Dans la paille et l'espace et l'étable et le temps
Naître le dernier-né des enfants d'Israël,
Et Joseph le couver de regards importants ;

Quand on ne verra plus dans une pauvre auberge
Naître le plus secret et le plus grand des rois,
Quand on ne verra plus saint Joseph et la Vierge
Veiller sur un poupon qui joue avec sa croix ;

Quand on ne verra plus dans une pauvre crèche
Sommeiller un bambin devant l'âne et le bœuf,
Et trois pauvres bergers lui mettre un manteau neuf
Pour le sauver du vent qui souffle par la brèche ;

Quand on ne verra plus couché dans de la paille
Le fils du plus grand roi qui soit dans l'univers,
Quand on ne verra plus cette auguste marmaille
Tenir son firmament et sa croix de travers ;

Quand on ne verra plus dans le secret des temples
Rayonner le secret d'une amour éternelle,
Et lestement troussé dans la main maternelle
Ce seul petit Jésus, femme, que tu contemples,

Parce qu'il fut nourri du lait d'une autre femme,
Et bercé d'une main mêmement maternelle,
Parce qu'il fut baigné dans une onde charnelle,
Et parce qu'il riait aux yeux de Notre Dame ;

Et qu'il fut caressé d'une main fraternelle
Par le petit saint Jean doublé de son agneau,
Et qu'il fut salué de façon solennelle
Par les rois d'Orient doublés de leur chameau ;

Et moi je vous le dis : quand cette antique cloche
Ne fera plus monter les grands alleluias,
Quand la meute et le vol des chastes hosannas
Ne s'élancera plus gagnant de proche en proche ;

Quand ne descendra plus du haut des grandes orgues
La célébration des beaux jours de la vie,
Mais quand s'écroulera du haut des grandes morgues
Et le péché d'orgueil et le péché d'envie ;

Quand du haut du clocher la cloche catholique
Ne fera plus tomber les *Ave Maria*,
Quand sur le coffret d'or et la sainte relique
Ne s'avancera plus le triple *Gloria* ;

Quand ne sonnera plus la cloche paroissiale
Pour le glas de ce jour qui sera le dernier
Et l'angélus du jour qui sera le premier,
Et la marche funèbre avant la nuptiale ;

Mais quand retentiront de bien autres buccins,
Quand tout se courbera sous le fracas des cuivres,
Quand l'antique Satan, ses larves et ses guivres
Reculeront glacés devant le saint des saints ;

Quand on n'entendra plus que le sourd craquement
D'un monde qui s'abat comme un échafaudage,
Quand le globe sera comme un baraquement
Plein de désuétude et de dévergondage ;

Quand l'immense maison des vivants et des morts
Ne pourra plus montrer que sa décrépitude,

Quand l'antique débat des faibles et des forts
Ne pourra plus montrer que son exactitude ;

Quand on n'entendra plus que le détraquement
D'un monde qui chancelle et qui se met par terre,
Et quand apparaîtra l'immense manquement
D'un sol toujours solide et toujours sédentaire ;

Et quand se lèveront dans les champs d'épandage
Tant de martyrs jetés dans les égouts de Rome,
Et quand se lèvera dans le cœur de tout homme
Le long ressouvenir de son vagabondage ;

Et quand sur le parvis des hautes cathédrales
Les peuples libérés des vastes nécropoles,
Dans Paris et dans Reims et dans les métropoles
Transporteront l'horreur des chambres sépulcrales ;

Quand ils s'assembleront sur les places publiques,
Quand ils s'entasseront sous un dernier portail,
Quand ils repasseront par les ormes du mail,
Quand ils resalueront les grandes républiques ;

Quand ils traverseront la place du Martroi,
Quand ils s'amasseront sur le pavé des villes,
Quand ils resalueront les batailles civiles,
Et le royaume assis dans le giron du roi ;

Quand l'homme relevé du plus ancien tombeau
Écartera la pierre et le vase d'oubli,
Quand le plus vieil aveugle et l'homme enseveli
Rallumera l'éclair du plus ancien flambeau ;

Quand l'homme relevé de la plus vieille tombe
Écartera la ronce et les fleurs du hallier,
Quand il remontera le vétuste escalier
Où le pied du silence à chaque pas retombe ;

Quand l'homme reviendra dans son premier village
Chercher son ancien corps parmi ses compagnons
Dans ce modeste enclos où nous accompagnons
Les morts de la paroisse et ceux du voisinage ;

Quand il reconnaîtra ceux de son parentage
Modestement couchés à l'ombre de l'église,
Quand il retrouvera sous le jaune cytise
Les dix-huit pieds carrés qui faisaient son partage ;

Quand il retrouvera ceux de son héritage,
Et les fils de ses fils et tous ceux de son sang,
Et les cousins germains et tous ceux de son rang,
Comme ils venaient en bande aux jours de mariage ;

Quand il retrouvera dans la maison d'école
Et tous ceux de son âge et tous ceux de son banc,
Et la chaire et le maître et l'auguste parole,
Et la carte et le stère et le gramme et le franc ;

Quand tout se lèvera pour un appareillage
Qui sera le dernier des appareillements,
Quand tout se lèvera pour un dernier naufrage
Qui sera le premier des établissements ;

Quand tout retrouvera sa maison et sa race,
Au moment de les perdre, ou de les conserver,
Quand tout reconnaîtra la raison et la grâce,
Au moment de la perdre, ou de la retrouver ;

Quand tout s'éclairera des flammes de mémoire,
Quand tout homme sera comme un grand spectateur,
Quand la création devant le créateur
Sera comme un linceul aux rayons de l'armoire ;

Quand les ressuscités s'en iront par les bourgs,
Encor tout ébaubis et cherchant leur chemin,
Et les yeux éblouis et se tenant la main,

Et reconnaissant mal ces tours et ces détours

Des sentiers qui menaient leur candide jeunesse,
Encor tout ébahis que ce jour soit venu,
Encor tout assaillis du regret revenu,
Et reconnaissant mal, avant que l'aube naisse,

Ces sentiers qui menaient leur enfance première,
Encor tout démolis d'être ainsi revenus,
Et reconnaissant mal ces corps pauvres et nus,
Et reconnaissant mal cette vieille chaumière

Et ces sentiers fleuris qui menaient leur tendresse,
Et les anciens lilas dans les vieilles venelles,
Et la rose et l'œillet et tant de fleurs charnelles,
Avant que de monter jusqu'aux fleurs de hautesse ;

Quand ils avanceront dans la nuit éternelle,
Tâtant des mains les murs et cherchant leur chemin,
Quand ils se lèveront pour le seul examen
Qui vienne après la mort et se repose en elle ;

Quand l'homme s'en ira dans la nuit solennelle,
Encor tout étourdi d'être ainsi revenu,
Encor tout interdit d'être ainsi pauvre et nu,
Encor tout engoncé dans sa gaine charnelle ;

Encor tout ahuri que ce jour soit venu,
Mal réaccoutumé de se servir de soi,
Déjà tout envahi du regret revenu,
De ne plus être un homme et ne plus être un roi ;

Quand il retrouvera sa force originelle,
Mais pour être abolie et ne servir qu'un jour,
Quand il retrouvera dans son premier séjour
La lumière et la paix qui baignaient sa prunelle ;

Quand ils s'avanceront dans cette cécité,

Tout désaccoutumés des chemins de la terre,
Tout déshabitués de l'antique cité
Qui posait sur les fronts un masque statutaire ;

Quand ils s'avanceront dans cette solitude,
Mal réaccoutumés à marcher pas à pas,
Quand ils s'avanceront vers un dernier trépas,
Ou vers le premier jour d'une béatitude

Près de qui tout bonheur est de commandement,
Et vers le premier jour de cette quiétude
Près de qui toute grâce est de gouvernement,
Et vers le premier jour de cette certitude

Près de qui tout savoir est un entassement,
Et vers le premier jour de cette exactitude
Près de qui toute règle est de consentement,
Et vers le premier jour de cette plénitude

Près de qui toute joie est une insuffisance,
Et vers le premier jour de ce contentement,
Et vers le dernier terme et la seule présence,
Et vers le premier bord du seul débordement ;

Quand ils s'avanceront dans cette adversité,
Tout désaccoutumés des chemins de la terre,
Tout déshabitués de l'antique cité
Qui posait sur les fronts un ordre salutaire ;

Quand on n'entendra plus que le démembrement
D'un monde qui s'en va comme un écartelé,
Quand on ne verra plus que le délabrement
D'un monde qui s'abat comme un mur craquelé ;

Quand vos enfants perdus, aïeule volontaire,
Chemineront le long de leurs anciens labours,
Et quand ils passeront le long des anciens jours,
Et sur le beau chemin devant le presbytère ;

Quand ils s'avanceront dans la nuit éternelle,
Encor tout étonnés d'être ainsi dans leur corps,
Et dans l'ancien scrupule et dans l'ancien remords,
Et d'être retournés dans la raideur charnelle ;

Et d'être maladroits et perdus dans ces membres,
Et tout embarrassés dans ces remembrements,
Comme un roi qui revient et se perd dans ses chambres,
Et ne reconnaît plus ses beaux appartements ;

Comme un roi qui retourne en son premier palais
Et ne retrouve plus ni son grand chambellan,
Ni son grand majordome et demande le plan
De sa propre demeure et cherche des valets

Qui pourraient ranimer tout ce grand appareil,
Et la salle du trône et la salle du sacre,
Et son glaive d'or pur et son sceptre de nacre,
Et pourraient balayer la chambre du conseil ;

Et pourraient lui montrer sa garde militaire,
Et la porte centrale et le parvis de marbre,
Et la vasque d'eau pure et le pourpris et l'arbre,
Et pourraient lui sauver sa race héréditaire ;

Quand l'homme s'en ira dans la nuit étoilée,
Encor tout éperdu de ce remembrement,
Quand l'homme s'en ira dans la nuit dévoilée,
Encor tout confondu de ce transfèrement ;

Quand l'homme s'en ira dans une nuit tacite,
Encor tout engourdi d'être ainsi remembré,
Quand il regardera vers un suprême site,
Encor abasourdi d'être ainsi transféré ;

Quand l'homme s'en ira dans une nuit profonde,
Encor tout alourdi d'être réintégré,

Et d'être réinscrit et réincarcéré,
Encor tout assourdi dans ce fracas d'un monde ;

Quand vos enfants perdus, aïeule utilitaire,
Chemineront le long de leurs anciens amours,
Et le long des soucis qui ramenaient toujours
En un centre de peine en un point de la terre

Les longs égarements d'un cœur délibéré,
Quand ils reconnaîtront les antiques serments,
Quand ils retrouveront les antiques tourments,
La poudre et le débris d'un cœur dilacéré ;

Quand ils chemineront tout le long des détours
Qui ramenaient toujours vers la même blessure,
Quand ils chemineront tout le long de ces jours
Qui ramenaient toujours la même meurtrissure ;

Quand ils reconnaîtront les jours de leur détresse,
Plus profonds et plus beaux que les jours de bonheur,
Quand ils retrouveront les jours de leur honneur,
Plus durs et plus aimés que les jours de liesse ;

Quand ils verront l'autel et les premiers degrés,
Quand ils verront le temple et les premières marches,
Quand ils verront le seuil et les marbres sacrés,
Et la brique romaine et la voûte et les arches

Du vieux pont qui menait leur caduque allégresse,
Quand ils chemineront tout le long du fossé,
Quand ils retrouveront dans les jours du passé
Les jours de leur candeur et de leur maladresse,

Quand ils s'avanceront tout le long du rempart,
Quand ils regarderont les hautes cheminées,
Tout gauches, tout perdus, percés de part en part
Par le ressouvenir des anciennes années ;

Quand se réveilleront dans les champs de glanage
Tant de glaneurs péris pour des péchés mortels,
Mais quand se dressera le plus haut patronage
Pour les reversements les plus sacramentels,

Quand dans le même lieu les plus hauts personnages
Ne seront pas plus grands que les derniers venus,
Quand les dais les plus lourds, et les plus saugrenus,
Ne vaudront pas plus cher que de pauvres ménages,

Quand vos enfants perdus, ô reine de misère,
S'avanceront ainsi le long des anciens bois,
Quand ils s'enfonceront pour la dernière fois
Dans la route commune et pourtant solitaire ;

Quand ils s'avanceront le long des anciens prés,
Dans la mansuétude et le recueillement,
Quand ils s'enfonceront tout le long des regrets
Dans la désuétude et le défeuillement ;

Quand ils s'avanceront dans leur dernier chemin,
Comme le jeune Hémon et la belle Antigone,
Quand le dernier bleuet et le dernier jasmin
Et la douce pervenche et la chaste anémone

Étendront sous les pas de ces derniers passants
Le dernier étendu des tapis de la terre,
Et quand la sagittaire et quand le fumeterre,
Vainement étendus vainement florissants,

Étendront sous les pas de cette immense armée
Le dernier étendu des linceuls de la terre,
Et quand la cicutaire et quand la serpentaire,
Vainement vigilante et vainement armée,

Et vainement poignante et vainement vivace,
Étendront sous les pas de vos derniers enfants,
Vainement accablés, vainement triomphants,

Le dernier drap du lit pour la dernière race

Et le dernier passage et la dernière trace,
Et les pas sur les fleurs et les pas sur le sable,
Quand vos enfants perdus, aïeule périssable,
S'avanceront ainsi sur la basse terrasse,

Pour la dernière empreinte et la dernière marque,
Et quand ils fouleront la lavande et le thym,
Quand ils s'avanceront dans leur dernier matin
Vers le dernier prétoire et le dernier monarque,

Quand ils iront en bande et les curés en tête,
Quand ils contempleront le dernier tribunal,
Quand ils chemineront tout le long du canal,
Comme ils allaient en bande aux jours de grande fête,

Quand ils s'avanceront dans l'éternelle nuit,
Quand ils auront passé devant le four banal,
Et le moulin à vent et le pré communal,
Comme ils allaient en bande aux messes de minuit,

Quand ils auront passé devant le maréchal,
Et la forge et l'enclume et le bras séculier,
Quand ils se heurteront au coin d'un espalier,
Encor tout endormis et reconnaissant mal

Ces sentiers qui menaient leur naïve rudesse,
Et quand ils trembleront dans ce dernier trépas,
Pourrez-vous allumer pour éclairer leurs pas,
Dans cette incertitude et dans cette faiblesse,

Aïeule du lépreux et du grand sénéchal,
Saurez-vous retrouver dans cet encombrement,
Pourrez-vous allumer dans cet égarement
Pour éclairer leurs pas quelque pauvre fanal,

Et quand ils passeront sous la vieille poterne,

Aurez-vous retrouvé pour ces gamins des rues,
Et pour ces vétérans et ces jeunes recrues,
Pour éclairer leurs pas quelque vieille lanterne ;

Aurez-vous retrouvé dans vos forces décrues
Le peu qu'il en fallait pour mener cette troupe
Et pour mener ce deuil et pour mener ce groupe
Dans le recordement des routes disparues.

Nous nous sommes rangés sous une loi si dure,
Aïeule de l'esclave et du législateur,
Nous nous sommes rangés sous une foi si pure,
Aïeule du despote et du conspirateur.

Vous avez pu ranger la brebis et l'agneau
Et le berger lui-même : après qu'il eut péri.
Vous rangez le bercail, vous rangez le chevreau.
Et vous rangez le loup : quand il est assouvi.

Vous rangez l'eau bénite et le lit mortuaire
Et le lit nuptial de l'homme enseveli,
Vous rangez le crédit et la loi somptuaire
Et l'amour filial : quand le fils est parti.

Vous rangez l'escabeau, vous rangez le suaire,
Vous rangez l'appareil des appareillements.
Vous rangez le caveau, vous rangez l'ossuaire,
Vous rangez le recueil et les recueillements.

Vous rangez le silence et le drap funéraire
Et vous fermez ces yeux quand l'homme en est parti.
Vous rangez la présence et l'urne cinéraire
Et vous baisez ce front, quand l'homme en est sorti.

Ô femme qui fermez les regards bleus et noirs
Et les regards profonds des yeux les plus aimés,
Épouse qui fermez pour le dernier des soirs
Le reconnaissement des yeux accoutumés.

Ô femme qui fermez les regards des mourants
Sur le dernier aspect qu'ils auront eu du monde,
Et qui les refermez sur cette nuit profonde,
Ô femme qui cueillez des souffles expirants,

Vous rangez le Seigneur au fond du sanctuaire,
Vous rangez le calice : après qu'il est empli.
Vous rangez le cantique avec l'obituaire.
Et vous rangez le sort : quand il est accompli.

Et vous rangez le mort : après qu'il est bien mort.
Et vous rangez les temps : quand ils sont révolus.
Et vous rangez les jours : quand ils sont absolus.
Vous rangez le vaisseau : quand il est dans le port.

Vous rangez les enfants : quand ils sont résolus.
Vous rangez le sépulcre et la croix de par Dieu.
Vous rangez les trois croix sur le dernier haut lieu.
Et vous rangez le cœur : après qu'il ne bat plus.

Vous rangez le martyr : au fond du tombereau.
Et vous rangez la foule : après qu'elle a suivi.
Vous avez pu ranger le glaive et le fourreau
Et le soldat lui-même : après qu'il eut servi.

Vous rangez la tenaille et rangez le barreau.
Vous rangez le Calvaire : après qu'il est gravi.
Vous rangez le carcan, vous rangez le bourreau.
Vous rangez la victime : après qu'elle a servi.

Vous rangez cette tourbe : après qu'elle a suivi.
Et vous rangez la messe et vous rangez l'absoute.
Vous rangez le départ et vous rangez la route.
Vous rangez le Sauveur : après qu'il a servi.

Femme qui connaissez et les palais des rois,
Et le chaume et la grange et le maître d'école,

Et qui savez par cœur votre règle de trois,
Et la reconnaissez jusqu'en ma parabole ;

Vous avez pu compter, éternelle comptable,
À quel prix j'ai sauvé ce peuple abandonné.
Vous pouvez calculer, voici l'encre et la table,
À quel taux j'ai prêté le sang que j'ai donné.

Vous avez pu compter, inlassable servante,
Combien se sont nourris du pain que j'ai rompu.
Vous avez pu compter, implacable suivante,
Combien j'en ai sauvé de ceux que j'ai voulu.

Vous avez pu compter, inlassable gérante,
Si du pain de mon corps tout homme s'est repu.
Vous avez pu compter, implacable régente,
Ce que j'avais tenté d'avec ce que j'ai pu.

Vous avez pu compter ce que coûte le nombre,
Quand il faut le payer avec le sang d'un seul.
Vous avez pu compter ce que coûte un linceul
Quand tout un univers descend dans la pénombre.

Vous avez pu compter, inlassable économe,
Ce que coûte l'espace, et le temps, et le lieu.
Vous avez pu compter à combien revient l'homme,
Et qu'il fallut payer du sang même d'un Dieu.

Vous qui savez compter, comptable inévitable,
Maîtresse du cassis et du jaune nerprun,
Vous qui les avez vus douze autour de ma table,
Maîtresse de la dette et du tragique emprunt ;

Vous qui savez par cœur ce que coûte chacun,
Maîtresse du jardin et des eaux et forêts.
Vous qui savez par cœur vos règles d'intérêts.
Et les frais généraux et le compte commun.

Vous le savez assez, ô mon âme, ô ma mère,
Maîtresse de mesure et d'un sort opportun,
Maîtresse du décompte et du large sommaire :
Que nous n'avons que Dieu qui rende cent pour un.

Et vous mettrez ceci dans vos livres de compte,
Puisque vous écrivez ce que coûte chacun,
Et vous mettrez ceci dans nos livres de honte,
Que nous n'avons qu'à Dieu qu'on prête à cent pour un.

Et vous mettrez ceci sur le large sommaire,
Et sur le bordereau de ce que vaut chacun,
Éternelle économe, économe éphémère,
Que nous n'avons que Dieu qui vaille cent pour un.

Et vous mettrez ceci sur le large sommaire,
Et sur le bordereau de ce que fait chacun,
Éternelle économe, éternelle éphémère,
Que nous n'avons que Dieu qui fasse cent pour un.

Et par là vous savez combien l'homme exagère
Quand il dit qu'il déteste et quand il dit qu'il aime.
Et qu'il n'est point de lieu sur la terre étrangère
Ni pour un grand amour ni pour un grand blasphème.

Et par là vous savez combien l'homme exagère
Quand il dit qu'il atteste et quand il dit qu'il ment ;
Et qu'il n'est point de place en sa tête légère
Ni pour un grand respect ni pour un grand serment.

Vous qui savez si bien doubler un capital,
Et le redemander quand on vous l'a rendu,
Faites l'addition et posez ce total :
Que nous n'avons que moi qui prête à fonds perdu.

Et par là vous savez combien l'homme exagère
Quand il dit qu'il achète et quand il dit qu'il vend.
C'est toujours moi qui paye et toujours lui qui prend.

Et c'est Dieu qui possède et c'est l'homme qui gère.

Et par là vous savez combien l'homme exagère
Quand il dit qu'il se bat et quand il dit qu'il vainc.
C'est Dieu seul qui débat et Dieu seul qui convainc
D'imposture et de faux la lèvre mensongère.

Et par là vous savez combien l'homme exagère
Quand il dit qu'il conteste et quand il dit qu'il ment.
Et qu'il n'est point de seuil sous sa porte étrangère
Ni pour un grand bonheur ni pour un grand tourment.

Et par là vous savez combien l'homme se flatte
Quand il dit qu'il descend et quand il dit qu'il monte.
Il a mal mesuré combien sa vie est plate
Entre le point d'honneur et le niveau de honte.

Et vous savez aussi ce que tout homme tente :
C'est de se réchapper des mains du Tout-Puissant.
C'est de tenter sa veine et de suivre sa pente.
Et c'est de gaspiller le meilleur de mon sang.

Et vous savez aussi ce que tout homme tente :
C'est de se réchapper des mains de l'Éternel.
C'est de cuver sa peine et de planter sa tente
Dans le recordement de son rêve charnel.

Et vous savez aussi ce que tout homme tente :
C'est de se réchapper des mains de son Sauveur.
C'est de se libérer de la vieille épouvante
Afin de retomber dans la turpide peur.

Et vous savez aussi ce que tout homme tente :
C'est de se réchapper des mains de son bonheur.
Et c'est de s'évader des jours de son honneur.
Et de le mettre en gage et de le mettre en vente.

Et vous savez aussi ce que tout homme tente :

C'est de se réchapper des chemins du salut.
Et c'est de s'évader d'un bonheur absolu.
Et de se consumer dans une vaine attente.

Et par là vous savez ce que tout homme tente :
C'est de garer son bien des atteintes de Dieu.
C'est de garer son or et le mettre en un lieu
Qu'il n'ait plus qu'à dormir pour en toucher la rente.

Et par là vous savez ce que tout homme tente :
C'est de garer son bien des reprises de Dieu.
C'est de garer son or et le mettre en un lieu
Qu'il n'ait plus qu'à dormir pour en toucher la rente.

Et par là vous savez ce que tout homme tente :
C'est de garer son bien des reproches de Dieu.
C'est de garer son or et le mettre en un lieu
Qu'il n'ait plus qu'à dormir pour en toucher la rente.

Et par là vous savez ce que tout homme tente :
C'est de garer son bien des tempêtes de Dieu.
C'est de garer son or et le mettre en un lieu
Qu'il n'ait plus qu'à dormir pour en toucher la rente.

Et par là vous savez ce que tout homme tente :
C'est de garer son cœur des reprises de Dieu.
C'est de garer son âme et la mettre en un lieu
Qu'il n'ait plus qu'à dormir pour en toucher la rente.

Vous qui juxtaposez sur la double colonne
Ce que chacun rapporte et ce que chacun doit,
Vous savez que Dieu seul est le seul qui se donne,
Et que l'être de l'homme incessamment décroît

Et que l'être de Dieu remonte incessamment
À son niveau de force à la même altitude,
Et qu'il fait de lui-même et son redoublement
Et sa force éternelle et son exactitude.

Et que l'être de Dieu recroît incessamment
À son niveau de vie à la même altitude,
Et qu'il fait de lui-même et son retriplement
Et la vie éternelle et la béatitude.

Et que l'être de Dieu retourne incessamment
Dans sa source éternelle et dans sa plénitude,
Et qu'il fait de lui-même et son accroissement
Et sa force éternelle et sa mansuétude.

Et que l'être de Dieu repuise incessamment
Dans sa source éternelle et dans sa nuit profonde,
Et qu'il fait de lui-même et son accroissement
Et le salut de l'homme et la force du monde.

Et par là vous savez, gouvernante et patronne,
Que l'homme ne vaut pas le quart de ce qu'il croit,
Et qu'il ne comprend pas le quart de ce qu'il voit,
Et qu'il joue et qu'il ment quand il dit qu'il se donne.

Et par là vous savez que tout homme dépense,
Et que le plus avare est le plus dépensier.
Et que le charitable est le seul bon boursier,
Le seul qui sache un peu gouverner sa finance.

Et que le charitable est le seul usurier :
À deux mille fois plus que le denier commun.
Il est le seul prêteur qui prête à cent pour un.
Et c'est un vieil avare et un procédurier.

Car il est cent fois sûr de toucher ce pour cent.
Et je suis étonné qu'on en fasse mystère.
Quand il exposerait quelques arpents de terre :
Il remet sa créance aux mains du Tout-Puissant.

C'est un spéculateur, un maître en fait d'emprunt,
Et de prêt et d'usure et de bon placement,

Car c'est le seul banquier qui prête à cent pour un
Et qui soit toujours sûr de son gouvernement.

C'est un calculateur en fait de certitude.
Il mets sur le seul fonds qui ne périra pas.
Et sa règle à calcul et son double compas,
C'est un seul mot tombé sur cette multitude.

C'est un seul mot de moi tombé sur cette foule,
Le jour que je pleurai sur cette multitude.
Voilà son gouvernail dans cette immense houle,
Sa boussole et son or et toute son étude.

Voilà son appareil et sa sollicitude.
Voilà son banc de rame et son couronnement.
Voilà son attirail et sa pauvre habitude.
Voilà le seul manteau de son revêtement.

Un seul mot remonté d'une similitude,
C'est son centre et son axe et son alignement.
Un seul mot remonté de mon enseignement,
Voilà son équilibre et son exactitude.

C'est là sa latitude avec sa longitude.
C'est là son parallèle et son méridien.
C'est son cadran solaire et c'est son amplitude.
Et c'est le seul recours d'un cœur patricien.

Et c'est le temps qu'il fait et c'est l'âge qu'il a.
Et c'est sa quiétude et son contentement.
Et c'est l'heure qu'il est à ma montre et voilà
Tout ce qu'il a gardé de tout enseignement.

Les autres sont perdus parmi tant de richesses
Qu'ils ont le cœur plus creux qu'un cœur pharisien.
Mais seule vous traînez parmi tant de largesses
Le long ressouvenir du temps qu'on n'avait rien.

Les autres sont perdus parmi tant de kermesses
Qu'ils ont le cœur plus faux qu'un cœur musicien.
Et seule vous traînez parmi tant de liesses
Le long ressouvenir du temps qu'on n'avait rien.

Les autres sont perdus parmi tant de sagesses
Qu'ils ont le cœur plus sot qu'un cœur historien.
Et seule vous traînez parmi tant de souplesses
Le long ressouvenir du temps qu'on n'avait rien.

Les autres sont perdus parmi tant de bassesses
Qu'ils ont le cœur plus las qu'un cœur quotidien.
Et seule vous traînez parmi ces gentillesses
Le noble souvenir du temps qu'on avait rien.

Quelques-uns sont rangés parmi tant de noblesse
Qu'ils ont le cœur plus haut qu'un cœur cornélien.
Avec eux vous traînez parmi cette hautesse
Le simple souvenir du temps qu'on n'avait rien.

Les autres sont perdus parmi tant de faiblesses
Qu'ils ont le cœur plus fat qu'un cœur magicien.
Et seule vous traînez parmi ces joliesses
Le secret souvenir du temps qu'on n'avait rien.

Quelques-uns sont rangés parmi tant de tendresse
Qu'ils ont le cœur plus doux qu'un cœur virgilien.
Avec eux vous traînez parmi cette justesse
L'antique souvenir du temps qu'on n'avait rien.

Les autres sont perdus parmi tant de rudesses
Qu'ils ont le cœur plus dur qu'un cœur prétorien.
Et seule vous traînez parmi ces forteresses
Le morne souvenir du temps qu'on n'avait rien.

Celui-là seul qui met son front sur mes genoux
Est seul maître du temps et seul maître du lieu.
Et seul il sait garder ses misérables sous,

Celui qui donne au pauvre et redemande à Dieu.

Vous voici désormais parmi tant de dépouilles,
Entre le mauvais juif et le mauvais chrétien.
Ils sont tous deux vos fils et se font des embrouilles.
Mais quand on avait tout, personne n'avait rien.

Vous voici désormais entre tant de fripouilles,
Entre le mauvais juif et le mauvais chrétien.
Ils sont tous deux pareils et se cherchent des brouilles.
Mais quand on avait tout, personne n'avait rien.

Vous voici désormais dans toute cette tourbe,
Entre le mauvais riche et le mauvais larron,
Entre le mauvais fils et le mauvais baron,
Vous voici désormais dans toute cette bourbe.

Vous voici désormais dans toute cette fange.
Vous voici désormais dans l'oblique et le courbe.
Vous voici désormais dans le faux et le fourbe.
Vous voici désormais dans la bourse et le change.

Ils se querelleront pour des mines de houilles.
Ils se querelleront les quatre fers d'un chien.
Ils se querelleront de caves et des fouilles.
Mais quand on avait tout, nul ne querellait rien.

Et par là vous savez de quoi l'homme se mêle,
Et que ce n'est jamais de son pauvre devoir,
Et que ce n'est jamais de son maigre pouvoir,
Et que ce n'est jamais que de quelque cautèle.

Et vous savez aussi sur quoi l'homme se fonde
Pour dire qu'il est fort et dire qu'il est beau.
Il ne veux voir que lui dans cet immense monde.
Et ne jamais fermer la porte d'un tombeau.

Et par là vous savez le peu que l'homme pèse,

Et le peu qu'il figure entre les mains de Dieu,
Et le peu qu'il détient dans le temps et le lieu,
Depuis qu'il fut pétri de la première glaise.

Et par la vous savez le peu que l'homme pèse,
Quatre onces de poussier dans le creux de la main.
Quatre pieds de terreau dans le creux du chemin.
Et le retournement dans la première glaise.

Mais vous savez aussi de quoi l'homme déroge.
C'est de son origine et c'est de sa noblesse.
Et de sa hauteur d'homme et c'est de sa hautesse.
Et par là vous savez ce que l'homme s'arroge :

C'est le droit d'être bas quand la règle est trop haute.
Et le droit d'être haut quand la règle est trop basse.
Et le droit de pécher sans commettre de faute.
Et le droit de passer quand la règle se lasse.

Et le droit de broncher quand la règle se tasse.
Et le droit d'être absent quand Dieu même est son hôte.
Et le droit de sombrer sans se mettre à la côte.
Et le droit de casser quand la règle se casse.

Et par là vous savez par quoi l'homme se perd.
Il veut se dire grand et ne pas voir qu'il baisse.
Il veut se dire fort quand il cède et s'affaisse.
Il veut se dire libre, et ne pas dire qu'il sert.

Et par là vous savez combien l'homme se trompe
Quand il dit qu'il offense et quand il dit qu'il plaide.
Il a mal mesuré combien sa vie est laide
Et qu'il faut qu'elle plie et qu'il faut qu'elle rompe.

Et par là vous savez à quoi l'homme se prend.
C'est à quelque fantôme issu de sa cervelle.
À quelque pas dansé sur une herbe nouvelle.
Et par là vous savez le peu que l'homme rend.

Et par là vous savez le peu que l'homme pèse,
Et qu'il est fétu dans les doigts de la main,
Et qu'il est un passant sur le bord du chemin,
Tout près de retourner dans sa première glaise.

Et par là vous savez ce que l'homme découvre.
C'est que tout souvenir est un point de douleur.
Et que tout avenir est un puits de malheur.
Et que toute blessure est présente et se rouvre.

Et par là vous savez de quoi l'homme se doute.
C'est qu'il est un pauvre être et que tout finit mal.
Et par là vous savez ce que l'homme redoute.
C'est d'être malheureux comme un morne animal

Qui se traîne et périt dans sa captivité.
C'est d'être enfin cerné parmi tant de bassesse.
Et bloqué dans sa geôle et dans sa forteresse.
Et dans son innocence et dans sa gravité.

Par ainsi vous savez à quoi tout homme pense.
Et cet arrière-goût pour le péché mortel.
Et ce prosternement aux marches de l'autel.
Et cet arrière-goût pour une récompense

Qui du moins ne serait qu'un malheur détendu
Et dans le souvenir d'une peine moins dure
Le recommencement d'une vie aussi pure
Et le couronnement d'un bonheur attendu.

Et vous savez surtout de quoi l'homme se venge.
C'est du bien qu'on lui fait et du bien qu'on lui veut.
Et cet arrière-goût pour l'ordure et la fange.
Et de faire le mal par les moyens qu'il peut.

Et vous savez pourquoi tout homme se lamente.
Il veut jouer deux jeux dans le jeu temporel.

Il veut prendre son aise, il veut suivre sa pente,
Et cependant gagner son salut éternel.

Il veut gagner deux fois dans le jeu que je joue.
Et gagner l'éphémère avecque l'éternel.
Et la dérision du soufflet sur ma joue,
Il veut la retourner vers un jeu temporel.

Il veut gagner deux fois en ne misant qu'un jeu.
Il veut gagner son âme avec son corporel.
Et gagner le miracle avec son naturel.
Et gagner ces deux fois ne mettant qu'un enjeu.

Et par là vous savez pourquoi l'homme s'observe.
C'est qu'il a toujours peur de trop donner à Dieu.
Il bâtirait mon temple en boîtes de conserve
Et du bois de la croix allumerait son feu.

Et par là vous savez combien l'homme exagère
Quand il dit qu'il recule et qu'il dit qu'il avance,
Et qu'il n'est point de place en sa tête légère
Ni pour un grand refus ni pour une observance.

Mais vous savez aussi qu'il n'exagère pas
Quand il dit qu'il est nud et quand il dit qu'il tremble.
Et qu'il est malheureux et qu'il est tout ensemble
Sous le coup de la mort et le coup des frimas.

Mais vous savez aussi qu'il n'exagère pas
Quand il dit qu'il est sot et quand il dit qu'il tremble.
Et qu'il est saugrenu de vouloir tout ensemble
Mener la même vie en de nouveaux climats.

Mais vous savez aussi qu'il n'exagère pas
Quand il dit qu'il est double et quand il dit qu'il tremble,
Et qu'il cherche sa voie et qu'il veut tout ensemble
Avancer sans à-coups et faire des faux pas.

Et par là vous savez qu'il n'exagère pas
Quand il dit qu'il est faux et quand il dit qu'il tremble.
Et qu'il cherche sa route et qu'il veut tout ensemble,
En piétinant sur place acheminer ses pas.

Mais vous savez aussi qu'il n'exagère pas
Quand il dit qu'il est faible et quand il dit qu'il tremble.
Et qu'il fait peine à voir et qu'il est tout ensemble
Sous le coup de la vie et le coup du trépas.

Quand il dit qu'il grelotte et quand il dit qu'il tremble,
Et qu'il est vagabond sans asile et sans feu,
Et qu'il est à la porte et qu'il est tout ensemble
Et sous les coups de l'homme et sous les coups de Dieu.

Vous savez aujourd'hui ce que chacun supporte
Et c'est un pauvre sort lentement poursuivi.
Et par là vous savez ce que chacun rapporte.
C'est l'ombre du butin que le maître a ravi.

Vous savez aujourd'hui ce que tout homme escompte.
C'est une grosse gloire à la hâte entassée.
Mais vous savez aussi ce que tout homme compte.
C'est une chère peine à la longue amassée.

Nous voici désormais parmi tant de partage.
Chacun veut battre l'autre et faire l'important.
Mais vous qui les voyez au seuil de l'héritage :
Quand on possédait tout, on ne comptait pas tant.

Voici nos valeureux qui font tant de batailles.
Ne se battent jamais pour le souverain bien.
Voici nos malheureux qui font tant de ripailles.
Mais quand on avait tout, on ne gaspillait rien.

Voici nos sages fous qui font tant de réserves.
Voici le péager, voici le publicain.
Voici nos grands savants qui nous font des conserves.

Mais quand on avait tout, on ne conservait rien.

On ne nourrissait pas pour les sept vaches maigres
Vers le Nil donateur les belles vaches grasses.
On ne ménageait pas les sources et les grâces.
Toutes coulaient toujours et demeuraient intègres.

On ne nourrissait pas pour les sept vertus maigres
Le beau bétail produit dans les plaines d'Égypte.
On ne bâtissait pas pour les sept vaches maigres
L'ombre du baptistère et l'ombre de la crypte.

On ne nourrissait pas pour les sept vertus maigres
Le beau troupeau produit sur les rives du Nil.
On ne nourrissait pas pour les sept vaches maigres
Le flambeau du salut et l'ombre du péril.

On ne nourrissait pas pour les sept vertus maigres
Le beau troupeau produit dans les plaines du Nil.
On ne nourrissait pas pour les sept vaches maigres
L'ombre de la puissance et du sceptre viril.

On ne nourrissait pas les sources et les grâces
Comme un garde-manger pour les sept vaches maigres.
Et l'Égypte et le Nil et les sept vaches grasses
Comme un garde-manger pour les sept vertus maigres.

On ne nourrissait pas les sources et les grâces
Comme un réservement pour les sept vaches maigres.
Et l'Égypte et le Nil et les sept vaches grasses
Comme un engraissement pour les sept vertus maigres.

On ne nourrissait pas pour les sept fièvres aigres
La santé, la jeunesse et le consentement.
On ne nourrissait pas tout un enfantement,
Le long du père Nil pour les sept vaches maigres.

Et pour des repentirs plus âcres que des fautes.

Et des contritions plus sales qu'un péché.
Et des attritions plus sottes et moins hautes.
Et des consomptions que l'on trouve au marché.

Des rétractations plus lâches que des crimes.
Des faux éclats plus laids que des aveuglements.
Des circonspections qui ne sont que des frimes.
Des barrages moins beaux que des débordements.

Des réparations plus viles qu'une offense.
Et de confessions moins nobles que l'aveu.
Et des confusions chez quelque bas neveu.
Pleines de ridicule et pleines d'indécence.

Et des ablutions pleines de réticence.
Et des précautions pleines de procédure.
Et des présentations plus vides que l'absence.
Et des attentions plus mornes que l'ordure.

Et des retournements qui reviennent au même.
Et des effacements qui n'effacent que l'homme.
Et des empressements sous un faux majordome.
Et des solutions pires que le problème.

Des vénérations pleines de turpitude.
Et des rois moins sacrés que des soulèvements.
Des ordres moins divins que des dérèglements.
Des adorations pleines de lassitude.

Des révolutions plus mortes que des trônes.
Des progrès plus cassés que la vieille habitude.
Des secrets plus connus que Louis XI et Latude.
Des évolutions plus sages que des prônes.

Et moi je vous salue ô pleine de disgrâce.
Vous avez tant mené la charrue et les bœufs.
Vous avez tant versé sur votre pauvre race
Le vain déversement de vos stériles vœux.

Et moi je vous salue ô reine de disgrâce.
Vous avez tant lié ces périssables nœuds.
Vous avez tant versé sur votre auguste race
Le long désarmement de vos paisibles vœux.

Et moi je vous salue ô temple de disgrâce.
Vous avez tant lavé vos périssables yeux.
Vous avez tant versé sur votre noble race
Le long démembrement de vos fragiles vœux.

Et moi je vous salue au nom de votre race,
Aïeule des vaincus et des retriomphants.
Vous avez tant versé sur vos pauvres enfants
Le long ressouvenir des morceaux de la grâce.

Et moi je vous salue ô première ouvrière.
Première assujettie à la loi du travail.
Vous avez tant levé vers le premier portail
Des yeux tout alourdis d'une morne prière.

Et moi je vous salue ô la plus misérable.
Première assujettie à la loi de la peine.
Et la première exposée à la loi de la haine.
Ô victime et témoin d'un sort inexorable.

Et moi je vous salue ô première mortelle.
Vous avez tant baisé les fronts silencieux,
Et la lèvre et la barbe et les dents et les yeux
De vos fils descendus dans cette citadelle.

Vous en avez tant mis dans le chêne et l'érable,
Et la pierre et la terre et les marbres plus beaux.
Vous en avez tant mis sur le seuil des tombeaux.
Vous voici la dernière et la plus misérable.

Vous en avez tant mis dans de pauvres linceuls,
Couchés sur vos genoux comme aux jours de l'enfance.

On vous en a tant pris qui marchaient nus et seuls
Pour votre sauvegarde et pour votre défense.

Vous en avez tant mis dans d'augustes linceuls,
Pliés sur vos genoux comme des nourrissons.
On vous en a tant pris de ces grêles garçons
Qui marchaient à la mort téméraires et seuls.

Vous en avez tant mis dans ces lourdes entraves,
Les seules qui jamais ne seront déliées,
De ces pauvres enfants qui marchaient nus et graves
Vers d'éternelles morts aussitôt oubliées.

Vous en avez tant mis dans ce lourd appareil,
Le seul qui de jamais ne sera résolu,
De ce jeune troupeau qui s'avançait pareil
À des agneaux chargés d'un courage absolu.

Vous en avez tant mis dans le secret des tombes,
Le seul qui jamais plus ne sera dévoilé,
Le seul qui de jamais ne sera révélé,
De ces enfants tombés comme des hécatombes,

Offerts à quelque dieu qui n'est pas le vrai Dieu,
Frappés sur quelque autel qui n'est pas holocauste,
Perdus dans la bataille ou dans quelque avant-poste,
Tombés dans quelque lieu qui n'est pas le vrai Lieu.

Vous en avez tant mis au fond des catacombes,
De ces enfants péris pour sauver quelque honneur.
Vous en avez tant mis dans le secret des tombes,
De ces enfants sombrés aux portes du bonheur.

Vous en avez tant mis dans les plis d'un long deuil,
D'entre ceux qui marchaient taciturnes et braves.
On vous en a tant pris jusque sur votre seuil,
D'entre ceux qui marchaient invincibles et graves.

Vous en avez tant mis le long des nécropoles,
Vous en avez tant pris sur vos sacrés genoux,
De ces fils qui venaient le long des métropoles,
Et marchaient et tombaient et qui mouraient pour vous.

Et moi je vous salue ô première fermière.
Vous avez tant compté les poules et les œufs.
Vous avez tant versé sur la race première
Le vain débordement de vos futiles vœux.

Et je vous aime tant ô première pauvresse,
Première assujettie à la loi de la mort,
Et première exposée à la loi de détresse,
Et première exposée aux coups d'un nouveau sort.

Et je vous aime tant ô mon âme, ô ma mère,
Première assujettie aux lois de pauvreté,
Première assujettie à la loi de misère,
Première assujettie aux lois de liberté.

Et je vous aime tant, aïeule inaltérable,
Première assujettie à la loi de tendresse,
Qui dans cet abandon et dans cette détresse
Périssez la dernière et la plus misérable.

Et je vous aime tant, aïeule invulnérable,
Première assujettie aux lois de servitude,
Qui parmi tant d'offense et tant d'inquiétude,
Demeurez la dernière et la plus misérable.

Et moi je vous salue ô première fermière.
Vous avez tant veillé devant de maigres feux.
Vous avez tant versé sur la race première
L'ardent débordement de vos fébriles vœux.

Et moi je vous salue, aïeule vénérable,
Première assujettie à la loi d'habitude,
Qui parmi tant d'outrage et tant d'incertitude,

Naquîtes la première et la plus misérable.

Les autres n'ont connu que d'être malheureux.
Mais vous avez connu d'innover le malheur.
Les autres n'ont connu que d'être douloureux.
Mais vous avez connu d'innover la douleur.

Les autres n'ont connu que leur indignité.
Mais vous avez connu ce que c'est que descendre.
Les autres ont connu le tison et la cendre.
Mais vous avez connu la flamme et la clarté.

Les autres ont connu d'être sans héritage.
Mais vous avez connu d'être déshéritée.
Les autres n'ont connu que leur nouveau partage.
Mais vous avez connu d'être départagée.

Les autres n'ont connu que cette plaine rase.
Mais vous avez connu cette pente déclive.
Les autres ont connu le marais et la vase.
Mais vous avez connu la fontaine et l'eau vive.

Les autres n'ont connu que leur commune race.
Mais vous avez connu d'avoir dégénéré.
Les autres n'ont connu que de suivre à la trace.
Mais vous avez connu d'avoir délibéré.

Le autres ont connu d'être dans ce royaume.
Mais vous avez connu de descendre en ce lieu.
Les autres n'ont connu que la paille et le chaume.
Et vous avez connu de descendre de Dieu.

Les autres ont connu les murs de la prison.
Mais vous avez connu d'entrer dans cette geôle.
Et le froid dans la nuque et la main sur l'épaule.
Et le refermement d'un immense horizon.

Les autres n'ont connu que la basse maison.

Mais vous avez connu d'entrer dans cette tombe.
Les autres n'ont connu que la basse raison.
Mais vous avez connu la première palombe

Volant à tire d'aile au-dessus d'un jardin
Plus jeune qu'un jeune homme et plus sage qu'un soir.
Seule vous avez vu le premier reposoir,
Et le premier soleil sur le premier matin.

Les autres n'ont connu que la porte fermée.
Mais vous avez connu la même fermeture.
Et vous seule avez vu la clef dans la serrure,
Et l'archange devant ô mère bien aimée.

Les autres n'ont connu que leurs basses fenêtres,
Et leur vue encerclée aux murs de l'horizon.
Mais vous avez connu la jeunesse des êtres
Et les bondissements du renne et du bison.

Seule vous le savez, nos vertus d'aujourd'hui
Ne valent pas le quart de l'antique innocence.
Et les moralités de notre morne ennui
Ne valent pas le quart de l'antique puissance.

Seule vous le savez nos travaux d'aujourd'hui
Ne valent pas le quart de l'antique paresse.
Et les brutalités de notre énorme ennui
Ne valent pas le quart de l'antique tendresse.

Seule vous le savez nos raideurs d'aujourd'hui
Ne valent pas le quart de l'antique rudesse.
Et les sévérités de notre dur ennui
Ne valent pas le quart de l'antique mollesse.

Seule vous le savez nos œuvres d'aujourd'hui
Ne valent pas le quart de l'antique noblesse.
Et les mortalités de notre pauvre ennui
Ne valent pas le quart de l'antique sagesse.

Seule vous le savez nos forces d'aujourd'hui
Ne valent pas le quart de l'antique faiblesse.
Et les velléités de notre vague ennui
Ne valent pas le quart de l'antique largesse.

Seule vous le savez nos clartés d'aujourd'hui
Ne valent pas le quart des antiques ténèbres.
Et les éclairements de notre terne ennui
Ne sont que des flambeaux et des torches funèbres.

Seule vous le savez nos sceptres d'aujourd'hui
Ne valent pas le quart de l'antique hautesse.
Et les redressements du cadavre d'ennui
Ne valent pas le quart de l'antique bassesse.

Seule vous le savez nos éclats d'aujourd'hui
Ne valent pas le quart de l'antique silence.
Et les ravivements de notre pâle ennui
Ne sont que les témoins d'une morne indolence.

Seule vous le savez nos gaîtés d'aujourd'hui
Ne valent pas le quart de l'antique tristesse.
Et les amusements de ce mortel ennui
Ne valent pas le quart de l'antique allégresse.

Seule vous le savez nos pudeurs d'aujourd'hui
Ne valent pas le quart de l'antique ignorance.
Et les réservements de notre prude ennui
Ne sont que les témoins d'une morne insolence.

Seule vous le savez nos occupations
Ne valent pas le quart de l'ancienne vacance.
Et nos règles de mœurs et nos privations
Ne valent pas le quart de l'antique fréquence.

Seule vous le savez nos filtres d'aujourd'hui
Ne valent pas le quart du vieux désourcement.

Les décantations de notre trouble ennui
Ne valent pas le quart du vieil épanchement.

Seule vous le savez nos périssables vœux
Et nos activités des travaux d'aujourd'hui
Et nos fragilités ne valent pas les jeux
Qui descendaient d'un monde et remontaient en lui.

Et nos tours de morale et nos épurements
Ne valent pas le quart de la licence antique.
Et nos coups de fatigue et nos épuisements
Ne valent pas le quart de la puissance antique.

Seule vous le savez nos travaux et nos jours
Ne valent pas ces jeux qui baignaient dans le temps.
Seule vous le savez nos travaux importants
Ne valent pas ces jeux qui jaillissaient toujours.

Et nos tours de vertus et nos efforcements
Ne sont devant les bords du plus ancien cantique
Pas plus que les lambris de vos appartements
Ne sont devant les bords de la mer atlantique.

Seule vous le savez nos travaux et nos jours
Ne valent pas ces jeux qui baignaient dans l'espace.
Et nos soucis armés d'une griffe rapace
Ne valent pas ces jeux qui bondissaient toujours.

Vous pouvez vous montrer, vertus d'appartements.
Carafes d'eau filtrée à travers des faïences.
Nous nous avons connu les arches d'alliances
Naviguant aux deux bords des premiers Océans.

Seule vous le savez, nos célébrations
Ne valent pas le quart de votre ancien silence.
Seule vous le savez, nos adorations
Ne valent pas le quart de votre ancienne absence.

Vous pouvez vous montrer, ô vertus d'aujourd'hui.
Nous nous avons connu l'antique réticence.
Et les finassements de notre fourbe ennui
Ne valent pas le quart de l'antique décence.

Seule vous le savez nos célébrations
Ne valent pas le quart de votre ancienne messe.
Seule vous le savez, notre unique promesse
N'est qu'un pâle reflet de vos libations.

Seule vous le savez nos mémorations
Ne valent pas le quart de votre ancien oubli.
Et l'absoute et la messe et l'homme enseveli
Ne valent pas le quart de vos ovations.

Seule vous le savez nos réparations
Ne valent pas le quart de votre ancienne offense.
Seule vous le savez, notre maigre défense
Ne ferait pas le quart de vos donations.

Seule vous le savez, nos contemplations
Sont troubles du dedans, ô mon âme ô ma mère.
Seule vous le savez, nos méditations
Sont vides du dedans, aïeule de misère.

Seule vous le savez, nos élévations
Sont basses par le pied, aïeule inaltérable.
Seules, vous le savez, nos dépravations
Sont noueuses du pied, aïeule invulnérable.

Seule vous le savez nos expiations
Ne lavent pas le sang sur le dos de la main.
Seule vous le savez, nos indignations
Laissent trôner la honte au milieu du chemin.

Et nous ne valons pas dans nos meilleurs moments
Ce que l'homme valait à toute heure du jour.
Et nous ne valons pas dans nos plus beaux tourments

Et nous ne valons pas dans notre pauvre amour,

Et nous ne valons pas dans nos embrassements
Ce que l'homme valait dans la simple lumière.
Et nous ne valons pas dans nos transvasements
Ce que l'homme valait dans une urne première.

Et nous ne valons pas dans nos abrasements
Ce que l'homme valait dans son inhabitude.
Et nous ne valons pas dans nos écrasements
Ce que l'homme valait dans son exactitude.

Et nous ne valons pas dans nos renoncements
Ce que l'homme valait dans son inaptitude.
Et nous ne valons pas dans nos retranchements
Ce que l'homme valait dans cette plénitude.

Et nous ne valons pas dans le sang des martyrs,
Et nous ne valons pas dans le sang des bourreaux,
Et nous ne valons pas au fond des tombereaux,
Et nous ne valons pas dans nos beaux repentirs

Ce que l'homme valait dans son recueillement.
Et nous ne valons pas dans nos processions
Et dans nos reposoirs et nos accessions
Ce que l'homme valait dans un effeuillement.

Et nous en faisons moins dans nos œuvres de jour
Que l'homme n'en faisait rien dans son reposement.
Et nous sommes perdus tout en haut de la tour
Et ne voyons venir qu'un vaste épuisement.

Et nous en faisions moins dans nos fièvres de nuit
Que l'homme n'en faisait dans un calme sommeil.
Et nous en faisons moins dans notre ardent réveil
Que l'homme n'en faisait aux messes de minuit.

Et nous en faisons moins dans nos guerres civiles

Que l'homme n'en faisait dans son apaisement.
Et nous en faisons moins dans nos travaux serviles
Que l'homme n'en faisait dans son amusement.

Et moi je vous salue ô première pauvresse.
Vous savez ce que c'est que d'avoir innové.
Les autres n'ont connu qu'un plateau de détresse.
Vous savez ce que c'est que d'avoir inventé.

Seule vous avez pu faire la différence,
Mesurer l'Océan d'avec un pauvre port.
Il fallut demander à la jeune espérance
Ce qui jusqu'à ce jour était donné d'abord.

Les autres n'ont connu que d'être malheureux.
Vous avez innové d'entrer dans le malheur.
Les autres n'ont connu que d'être douloureux.
Vous avez inventé d'entrer dans la douleur.

Les autres n'ont connu que le commun niveau.
Mais vous avez connu le dénivellement.
Les autres n'ont connu qu'un pauvre caniveau.
Mais vous avez connu le grand ruissellement.

Les autres n'ont connu qu'un périssable sort.
Vous avez innové l'autel et l'hécatombe.
Les autres n'ont connu qu'une commune mort.
Vous avez inventé d'entrer dans cette tombe.

Les autres n'ont connu que le miel dans des ruches.
Les autres n'ont connu qu'un miel hexagonal.
Et les autres n'ont vu le ciel que dans des cruches.
Et l'énorme Océan dans un pauvre canal.

Les autres n'ont connu que l'étable et la grange.
Vous avez innové la charrue et la houe.
Les autres n'ont connu que la commune fange.
Vous avez inventé d'entrer dans cette boue.

Les autres n'ont connu qu'une plane misère.
Mais vous avez connu cette descension.
Et vous avez connu cette dissension.
Vous avez vu semer les roses du rosaire.

Les autres n'ont connu que d'être malheureux.
Vous avez innové d'entrer dans ces dégoûts.
Vous avez inventé d'entrer au chemin creux.
Dans la honte et l'ordure et la ronce et le houx.

Les autres n'ont connu que d'être dispersés.
Mais vous avez connu cette dispersion.
Les autres n'ont connu que d'être déversés.
Mais vous avez connu cette déversion.

Les autres n'ont connu que d'être divisé.
Mais vous avez connu cette division.
Les autres n'ont connu que la dérision.
Mais vous avez connu d'être débaptisé.

Les autres n'ont connu que leur propre bassesse.
Mais vous avez connu le même abaissement.
Les autres n'ont connu que cette petitesse.
Mais vous avez connu le rapetissement.

Les autres n'ont connu que le manteau de peine.
Mais vous avez appris d'en être revêtue.
Les autres n'ont connu que cette immense plaine.
Mais vous avez appris d'y être descendue.

Les autres n'ont connu que la plaine d'absence.
Mais vous avez appris d'y être descendue.
Les autres n'ont connu que ce morne silence.
Mais vous avez appris d'en être revêtue.

Les autres n'ont connu que leur humilité.
Vous avez innové d'être une pauvre femme.

Vous avez inventé de gouverner votre âme
Selon la turpitude et la docilité.

Les autres n'ont connu que le manteau de haine.
Mais vous avez appris d'en être revêtue.
Les autres n'ont connu que leur immense peine.
Mais vous avez appris d'y être descendue.

Les autres n'ont connu que la fable et le conte.
Vous seule vous savez la véritable histoire.
Vous seule vous savez, ô temple de mémoire,
Comment on inventa d'entrer dans cette honte.

Et moi je vous salue ô la première née.
Les autres ont connu de manquer de naissance.
Les autres ont connu de manquer de puissance.
Mais vous avez connu d'être déracinée.

Les autres n'ont connu que de planter leur tente
Au milieu du désert d'un immense plateau.
Mais vous avez connu la descente et la pente,
Et les pampres pendus tout le long du coteau.

Et je vous aime tant, première exterminée.
Vous seule avez passé par-dessous cette porte.
Vous seule avez frôlé le long de la Mer Morte
Les ailes de la mort et de la destinée.

Les autres n'ont connu que cette platitude.
Mais vous avez connu cette déclivité.
Les autres n'ont connu qu'une longue habitude.
Les autres n'ont connu que la captivité.

Mais vous avez connu d'entrer dans cette geôle.
Première vous avez passé sous cette voûte.
Première vous avez mis le pied sur la route
Et cheminé le long des bouleaux et du saule.

Première vous avez passé sous cette porte.
Première vous avez d'un pas abandonné
Foulé d'un pas caduc et tout échelonné
Le sentier de l'exil semé de feuille morte.

Première vous avez devers la cheminée
Tendu vos pâles mains transparentes de vieille
Et devant le foyer et dans la longue veille
Réchauffé votre peau toute parcheminée.

Les autres n'ont connu que la commune honte.
Mais vous avez connu cette ruelle oblique
Qui descend sur la foire et la place publique,
Et d'où nul ne revient et que nul ne remonte.

Les autres n'ont connu que cette égalité.
Les autres n'ont connu que la place publique.
Mais vous avez connu cette venelle oblique
Qui descend dans la fosse et la docilité.

Les autres n'ont connu que de planter leur tente
Au milieu du désert d'un immense plateau.
Mais vous avez connu la suspense et l'attente,
Et le déversement tout le long du coteau.

Les autres n'ont connu que de planter leur tente
Au milieu du désert d'un immense plateau.
Mais vous avez connu cette brusque détente,
Et le renversement tout le long du coteau.

Les autres n'ont connu que de planter leur tente
Au milieu d'un désert d'un immense plateau.
Mais vous avez connu cette première entente
Et les pampres grimpant tout le long du coteau.

Les autres n'ont connu que de planter leur tente
Au milieu du désert d'un immense plateau.
Mais vous avez connu le ravin et la sente

Et l'horizon jailli du faîte du coteau.

Et moi je vous salue, aïeule insoupçonnée.
Les autres sont sans grâce et sans fleuronnement
Et sans procession et sans couronnement.
Mais vous avez connu d'être découronnée.

Les autres n'ont connu qu'un immense plateau,
Les autres n'ont connu que la plaine d'absence.
Mais vous avez connu cette auguste présence
Qui seule emplissait tout ainsi qu'un beau coteau

Emplit tout l'horizon de l'un à l'autre bord,
Et se prolonge et règne et va de part en part,
Ainsi qu'un beau sourire et qu'un pauvre regard
Emplit tout un destin de l'une à l'autre mort.

Les autres n'ont connu que le torve et le courbe.
Mais vous avez connu la première droiture.
Les autres n'ont connu que la lie et l'ordure.
Vous avez inventé d'entrer dans cette tourbe.

Les autres n'ont connu que la morne imposture.
Mais vous avez connu l'auguste vérité.
Les autres n'ont connu que la morne luxure.
Mais vous avez connu la jeune austérité.

Et je vous aime tant, première infortunée.
Les autres n'ont connu que d'être sans fortune.
Et nous voici debout sur la plus haute hune
Et nous ne voyons rien qu'une mer démontée.

Et nous avons sombré devers quelque lagune,
Dans la vase et le sable et dans les goémons.
Et nous sommes rentrés dans les premiers limons,
Dans les algues de mer et dans la loi commune.

Et nous sommes montés sur la plus haute dune.

Et nous n'avons rien vu que le travers du sort.
Et vous avez conduit, première inopportune,
Votre barque debout par le travers du port.

Et vous avez touché sur le bord d'un autre âge.
Comme un enfant qui touche au bord d'un autre temps.
Et vous avez touché dans le commun naufrage
Au bord d'une autre côte et sur des mâts flottants.

Et vous avez joué sur le bord d'un autre âge,
Comme un enfant qui joue au bord d'un autre temps.
Vous avez abordé dans le commun naufrage
Au bord d'une autre côte et sur des mâts flottants.

Comme les naufragés abordaient dans des îles,
Vous êtes abordée au bord d'un autre temps.
Vous êtes abordée à des guerres civiles
Et sur un appareil et vers des habitants.

Comme les naufragés abordaient dans des villes,
Vous êtes abordée au bord d'un autre temps.
Vous êtes abordée aux batailles serviles
Entre nos plats commis et leurs plats commettants.

Comme des naufragés qui demandaient asile,
Vous avez abordé dans cet âge nouveau.
Vous avez abordé sur un ponton fragile
Noué de quelque corde à quelque soliveau.

Comme les naufragés abordaient dans des ports,
Vous avez abordé dans de nouveaux climats.
Vous voici désormais reine parmi les morts,
Passagère échappée au long de quelques mâts.

Et vous avez touché vers un autre courage,
Comme un homme d'honneur qui tremble sous l'injure.
Et vous avez touché vers un autre rivage
Avant de retomber dans un monde parjure.

Et vous avez touché vers un ancien village
Avant de retourner dans nos pauvres hameaux.
Et vous avez baisé le premier sarcophage
Avant de revenir sur nos pauvres tombeaux.

Et vous avez touché vers un ancien barrage,
Du temps qu'il était plein des eaux tumultueuses.
C'est un vieil étang tout plein de scabieuses,
Un manteau tout drapé des fleurs du premier âge.

Et les ondes coulaient dessus le déversoir
Et par dessus l'écluse et par dessus la bonde.
Et l'océan sans terme et l'océan du monde
Passait dessus la darse et dessus le musoir.

C'était un vieil étang retiré du village
Dans une solitude et un recueillement.
Et vous avez touché vers un ancien parage
Avant les jours d'étude et de défeuillement.

Et vous avez passé par un ancien passage
Tout plein d'incertitude et de cheminement.
Et vous avez reçu le foudroyant message,
Tout plein de promptitude et d'épouvantement.

Et c'est depuis ce jour que vous avez monté
Un escalier plus dur qu'un escalier de marbre.
Et c'est depuis ce jour que vous avez chanté
Une chanson plus dure à l'ombre d'un autre arbre.

Et c'est depuis ce temps que vous avez monté
Un escalier plus dur au pied d'un autre amour.
Et c'est depuis ce jour que vous avez chanté
Une chanson plus dure au pied d'un autre jour.

Et c'est depuis ce jour que vous avez monté
Des degrés plus ardu que des degrés de marbre.

Et c'est depuis ce jour que vous avez compté
Vos comptes éternels à l'ombre d'un autre arbre.

Et c'est depuis ce jour que vous avez monté
Un escalier plus dur qu'un escalier d'exil.
Et c'est depuis ce jour que vous avez chanté
Un adieu plus poignant qu'une chanson d'avril.

Et c'est depuis ce jour que vous avez traîné
Un regret prosterné jusque sur votre seuil.
Et c'est depuis ce jour que vous avez mené
Un secret dérobé dans les plis d'un long deuil.

Les autres n'ont connu que d'être malheureux.
Mais vous avez connu d'inventer le secret.
Et vous avez connu d'inventer le regret.
Et de les enfermer dans un cœur douloureux.

Et vous avez connu première de monter
Des degrés sans grandeur et sans processions.
Et vous avez connu de ceindre et de porter
Des regrets plus amers que des possessions.

Et c'est depuis ce jour que vous avez traîné
Des secrets plus fermés que des fleuronnements.
Et c'est depuis ce jour que vous avez mené
Des regrets plus profonds que des couronnements.

Et c'est depuis ce jour que vous avez porté
Un coffret plus fermé que la galère antique.
Et c'est depuis ce jour que vous avez chanté
Un regret plus poignant que le premier cantique.

Et c'est depuis ce jour que vous avez suivi
Un progrès sans allure et sans procession.
Et c'est depuis ce jour que vous avez gravi
Un regret sans parjure et sans dépression.

Et c'est depuis ce jour que vous avez perdu
Un secret plus fermé que la cité mystique.
Et depuis cettui jour vous avez descendu
Un regret plus recreux que la vague nautique.

Et les ressouvenirs plus présents que des tombes.
Et des cyprès plus beaux que la rose d'avril.
Des avenirs pliés au fond des catacombes.
Et des regrets plus beaux que la robe d'exil.

Et c'est depuis ce jour que vous avez monté
Des degrés plus usés que des marches de pierre.
Et c'est depuis ce jour que vous avez passé
Sous le cintre de plâtre et les arches de lierre.

Et c'est depuis ce jour que vous avez couvé
Un secret fomenté dans le profond du cœur.
Et c'est depuis ce jour que vous avez trouvé
Un regret prolongé jusqu'au confins du chœur.

Et c'est depuis ce jour que vous avez porté
Un secret plus fermé que l'acropole antique.
Et c'est depuis ce jour que vous avez chanté
Un regret plus secret que le premier cantique.

Et c'est depuis ce jour que vous avez porté
Un coffret plus fermé que l'ancien tabernacle.
Et c'est depuis ce jour que vous avez jeté
Des fleurs sur le parvis du premier habitacle ;

Et que vous le savez, nos adorations
Ne se courbent jamais qu'aux autels des faux dieux.
Et que nous n'apportons sur les derniers hauts lieux
Que des genoux raidis parmi les nations.

Et que vous le savez, nos adorations
Ne se courbent jamais que devant le veau d'or.
C'est là notre appareil et là notre trésor,

Et le dernier objet de nos libations.

Seule vous le savez, que le vol des colombes
Ne retournera pas dans ses orbes premiers.
Seule vous le savez, que le vol des palombes
Ne se mêlera plus dans le vol des ramiers.

Seule vous le savez, que la création
Ne connaît plus son père, et son maître, et son Dieu.
Et nous n'apportons plus sur le dernier haut lieu
Que des cœur ulcérés de macération.

Seule vous le savez, que l'argent seul est maître
Et qu'il à mis son trône à la place de Dieu.
Et son autel d'argent sur le dernier haut lieu.
Et son prêtre d'argent à la place du prêtre.

Et son trône d'argent installé sur le Trône.
Et son ventre d'argent sur le dernier autel.
Et sa bave d'argent sur le péché mortel.
Et son verbe d'argent installé dans le prône.

Les autres n'ont connu que d'être dégradés.
Mais vous avez connu la dégradation.
Les autres n'ont connu que la prostration.
Mais vous avez connu d'être contremandés.

Les autres ont connu d'être dépossédés.
Mais vous avez connu la dépossession.
Les autres n'ont connu que l'exécration.
Mais vous avez connu d'être décommandés.

Et nos tours de morale et nos intentions
Ne valent pas le quart de cette ancienne danse.
Et nos tours de malice et nos contentions
Ne valent pas le quart de l'ancienne abondance.

Et nos tours de sagesse et nos rétentions

Ne valent pas le quart de l'antique imprudence.
Et nos tours de bâton et nos inventions
Ne valent pas le quart de l'antique évidence.

Et nos tours de rudesse et nos contorsions
Ne valent pas le quart de cette contredanse.
Et nos retournements et nos conversions
Ne valent pas le quart de l'antique impudence.

Ainsi vous le savez, nos expiations
Ne lavent pas le pus jusqu'au fond de l'abcès.
Et nos tours de fortune et nos heureux succès
Ne lavent pas le quart de nos extorsions.

Seule vous le savez, nos plus beaux sentiments
Ne durent jamais plus que l'espace d'un jour.
Et l'amour le plus ferme et le plus dur amour
Ne dure jamais plus que de quelques moments.

Et nos tours de souplesse et nos rétorsions
Ne valent pas le quart de l'ancienne cadence.
Et nos tours de détresse et nos réversions
Ne valent pas le quart de votre confidence.

Ainsi vous le savez, nos expiations
Ne lavent pas la honte aux confins de la mort.
Nos coups de réussite et le plus heureux sort
Ne lavent pas le quart de nos inactions.

Seule vous le savez, nos indignations
Ne se meuvent jamais que quand il est trop tard.
Quand le meurtre est passé tout le long du rempart,
Alors nous soulevons nos exécrations.

Aussi vous le savez, nos expiations
Ne lavent pas l'ordure aux portes de la mort.
Et nos tours de finesse et le plus heureux sort
Ne lavent pas le quart de nos exactions.

Seule vous le savez, nos imprécations
Ne se lèvent jamais que quand il est trop tard.
Quand le crime est passé le long du boulevard,
Alors nous soulevons nos proclamations.

Seule vous le savez, nos révolutions
Ne se mettent debout que quand le crime est fait.
Quand le meurtre est acquis et quand il est parfait,
Alors nous soulevons nos déclamations.

Tant que le crime est là, tant que le meurtre est maître,
Nous couchons à ses pieds nos résignations.
Tant que Satan est dieu, tant que Satan est prêtre,
Nous plions à ses pieds nos génuflexions.

Aussi vous le savez, nos réprobations
Ne se lèvent jamais que quand il est trop tard.
Quand le char est passé qui voiturait César,
Alors nous soulevons nos conspirations.

Seule vous le savez, nos résignations
Ne se couchent jamais qu'aux autels des faux dieux.
Nous n'apportons jamais sur les derniers hauts lieux
Que des cœurs délavés de consolations.

Seule vous le savez, nos imprécations
N'assaillent que le pauvre et le plus malheureux.
Nous n'apportons jamais à des cœurs douloureux
Que des cœurs contractés de tribulations.

Seule vous le savez, nos supplications
Ne se courbent jamais qu'aux autels des faux dieux.
Nous n'apportons jamais sur les derniers hauts lieux
Que des cœurs écrasés de consternations.

Seule vous le savez, que nos fondations
Ne fondent jamais rien que la cité d'injure.

Nous n'apportons jamais sur un autel parjure
Que des vœux perforés de dubitations.

Seule vous le savez, nos déprécations
Ne détournent jamais un sort inexorable.
Nous n'apportons jamais sur un autel d'érable
Que des vœux pleins de doute et d'hésitations.

Seule vous le savez, nos consolations
Laissent un goût de pleur au fond de la mémoire.
Nous n'apportons jamais aux rayons de l'armoire
Que des vœux tout moisis de végétations.

Seule vous le savez, que nos délations
Ne dénonce jamais que le pauvre et le nu.
Nous n'apportons jamais sur un autel connu
Que des cœurs couturés de lacérations.

Seule vous le savez, nos consolation
Laisse un goût de fiel au fond de la mémoire.
Nous n'apportons jamais au rayon de l'armoire
Que des cœurs délavés de profanations.

Seule vous le savez, nos tribulations
Sont petites de mode et petite de jeu.
Nous n'apportons jamais sur un autel de feu
Que des cœurs pleins de cendre et de confusions.

Seule vous le savez, nos réparations
Laissent un goût de mort au fond de la mémoire.
Nous n'apportons jamais aux rayons de l'armoire
Que des cœurs pleins de trouble et de dérisions.

Seule vous le savez, nos désolations,
Assises parmi nous ne sont pas même grandes.
Nous n'apportons jamais sur la table d'offrandes
Que des cœurs pleins de boue et de corruptions.

Seule vous le savez, seule vous le comptez :
Nos tribulations ne sont pas même grandes.
Nous n’apportons jamais sur la table d’offrandes
Que les restes des cœurs que nous avons prêtés.

Nous n’apportons jamais au temple de mémoire
Que des cœurs pleins de mort et d’ostentations.
Nous n’apportons jamais aux portes de l’armoire
Que des cœurs pleins de fange et pleins d’alluvions.

Seule vous le savez, pourquoi nous sommes nés.
Nos tribulations ne sont pas même grandes.
Nous n’apportons jamais sur la table d’offrandes
Que les restes des cœurs que nous avons donnés.

Nous n’apportons jamais à nos temples de gloires
Que des cœurs pleins de creux et pleins d’intrusions.
Nous ne mettons jamais dans nos conservatoires
Que des cœurs pleins de vide et de précisions.

Seule vous le savez, nos adulations
Ne se courbent jamais que sur des pieds d’argile.
Nous n’apportons jamais sur un autel fragile
Que des cœurs dévorés de malversations.

Et vous savez quel air nos modulations
Conduisent sur la corde et sur de maigres flûtes,
Et que nous n’apportons dans nos plus âcres luttes
Que des cœurs détendus par les vexations.

Et vous savez quel air nos ondulations
Font flotter sous le plectre et sur de vagues lyres.
Et que nous ne mettons dans nos pauvres délires
Que des cœurs affolés de palpitations.

Seule vous le savez, nos émulations
Ne rivalisent pas pour le juste et le beau.
Nous n’apportons jamais aux portes du tombeau

Que des cœurs dévorés de contestations.

Seule vous le savez, nos contemplations
Sont troubles du dedans, ô mon âme, ô ma mère.
Nous n'apportons jamais dans un temple éphémère
Que des cœurs et des vœux et des dévotions.

Seule vous le savez, nos contemplations
Ne contemplent jamais qu'un ciel dépossédé.
Nous n'apportons jamais dans nos libations
Qu'une lèvre contrainte et un cœur obsédé.

Seule vous le savez, nos contemplations
Sont lourdes du dedans, ô mon âme, ô ma mère.
Nous n'apportons jamais sur un autel sommaire
Que des vœux pleins d'ordure et d'explications.

Seule vous le savez, nos acclamations
Ne s'élèvent jamais devers le roi du ciel.
Nous n'apportons jamais au roi des nations
Que des cœurs pleins d'écume et des cœurs pleins de fiel.

Seule vous le savez, nos acclamations
Ne s'élèvent jamais que vers le temporel.
Nous n'apportons jamais qu'au temple corporel
Notre cœur et nos vœux et nos donations.

Seule vous le savez, nos acclamations
Ne s'élèvent jamais que vers les rois charnels.
Nous n'apportons jamais aux temples éternels
Notre cœur et nos vœux et nos vocations.

Seule vous le savez, nos déclamations
Et nos tours de rhéteur sont la honte du verbe.
Et la haute éloquence et toute sa superbe
Ne sont pleins que de creux et de vibrations.

Seule vous le savez, nos réclamations

Ne réclament jamais que des biens temporels.
Nous ne réclamons pas ces biens surnaturels,
De pauvreté, de peine et de privations.

Seule vous le savez, nos réclamations
Ne réclament jamais pour le pauvre et le juste.
Nous n'apportons jamais sur une table auguste
Que des cœurs et des vœux creusés d'ambitions.

Seule vous le savez, nos réclamations
Ne réclament jamais que pour des biens charnels.
Nous ne réclamons pas ces objets éternels,
D'humilité, d'amour et de contritions.

Seule vous le savez, nos réclamations
Ne réclament jamais que des biens périssables.
Nous n'apportons jamais dans des temples de sables
Que des cœurs et de vœux pleins de déceptions.

Seule vous le savez, nos proclamations
Ne proclament élus que les rois de la chair.
Nous ne portons que là notre bien le plus cher,
Nos cœurs pourris d'orgueil et de prétentions.

Seule vous le savez, nos acclamations
Ne s'élèvent jamais vers le chef de l'armée.
Nous n'apportons jamais au roi des nations
Que les morceaux restants d'une amour entamée.

Seule vous le savez, nos exclamations
Ne soulignent jamais que des feux d'artifice.
Nous n'apportons jamais aux barres de justice
Que le faux témoignage et les inventions.

Seule vous le savez, nos acclamations
Ne déferlent jamais vers le chef de l'armée.
Nous n'apportons jamais au roi des nations
Que le dernier morceau d'une amour entamée.

Seule vous le savez, nos exclamations
Ne soulignent jamais que des tours d'acrobate.
Nous n'apportons jamais au roi des nations
Que les retournements d'une âme renégate.

Seule vous le savez, nos acclamations
Ne déferlent jamais aux pieds du roi des rois.
Nous n'apportons jamais au roi des nations
Que des cœurs de faïence et des sabres de bois.

Seule vous le savez, que nos sommations
Ne s'adressent jamais qu'à des places rendues.
Nous n'emportons d'assaut que des villes vendues.
Voilà notre courage et nos profusions.

Seule vous le savez, les consommations
Des siècles passeront plus brèves qu'un matin.
Et les jours quitteront leur manteau de satin
Pour l'appareil de deuil et de contritions.

La face de la terre était alors si blonde
Que les blés déroulés faisaient de longs cheveux.
Et la beauté de l'âme et la beauté du monde
Fût descendue ainsi jusque chez nos neveux.

La face de la terre était alors si lourde
Que les blés déroulés s'écroulaient en torsades.
Et la bonté de l'âme était alors si sourde
Que tous les animaux partaient en ambassades

Vers l'homme prêtre et roi par les mains du seul roi.
Et les blés déroulés faisaient des écheveaux.
Et les ânes parmi les superbes chevaux
Menaient le même train parmi le même arroi.

Seule vous le savez, nos affirmations
Sont creuses par le pied, ô mère des docteurs.

Nous n'apportons jamais qu'à des contradicteurs
Sur des tables de bois des propositions.

Seule vous le savez, nos infirmations
Ne démentent jamais que le pur et le juste.
Nous n'apportons jamais sur un autel auguste
Que des cœurs taraudés de contradictions.

Seule vous le savez, nos confirmations
Ne confirment jamais que la fausse nouvelle.
Nous n'emplissons jamais notre pauvre cervelle
Que d'un fatras de texte et de discussions.

Seule vous le savez, que nos formations
Sont creuses du dedans, ô mère des soldats.
Nous n'apportons jamais aux terrestres combats
Que des carrés crevés de fluctuations.

Seule vous le savez, nos déformations
Ne déforment jamais que vers les formes laides.
Nous n'apportons jamais que de grossiers remèdes
Aux manques de décence et de prescriptions.

Seule vous le savez, nos réformations
Sont pires que le mal qu'on prétend réformer.
Et nos règles de mœurs et nos collusions
Sont pires que l'abcès qu'on prétend refermer.

Seule vous le savez, nos informations
Ne remontent jamais vers les formes premières.
Nous n'apportons jamais aux célestes lumières
Que des yeux de ténèbre et de confusions.

Seule vous le savez, nos conformations
Ne remontent jamais vers les formes antiques.
Nous n'apportons jamais aux célestes cantiques
Que des âmes d'ordure et d'explications.

Seule vous le savez, nos transformations
Ne transforment jamais que vers les formes basses.
Nous n'apportons jamais dans nos créations
Que des cœurs détendus et que des âmes lasses.

Car tout ce qui s'acquiert peut toujours se reperdre.
Mais tout ce qui se perd est à jamais perdu.
Et tout ce qui se gagne on peut toujours le perdre.
Mais tout ce qui se perd est vraiment dépendu.

Et tout ce que l'on prend il faut toujours le rendre.
Mais tout ce que l'on rend est à jamais rendu.
Et tout ce que l'on monte il faut le redescendre.
Mais ce que l'on descend est vraiment descendu.

Tout ce que l'on achète il faut qu'on le revende.
Mais tout ce que l'on vend est à jamais vendu.
Et tout ce que l'on tend il faut qu'on le détende.
Mais ce que l'on détend est vraiment détendu.

Vous nous voyez debout parmi les nations.
Nous battrons-nous toujours pour la terre charnelle.
Ne déposerons-nous sur la table éternelle
Que des cœurs pleins de guerre et de séditions.

Vous nous voyez marcher parmi les nations.
Nous battrons-nous toujours pour quatre coins de terre.
Ne mettrons-nous jamais sur la table de guerre
Que des cœurs pleins de morgue et de rébellions.

⊠ Heureux ceux qui sont morts pour la terre charnelle,
Mais pourvu que ce fût dans une juste guerre.
Heureux ceux qui sont morts pour quatre coins de terre.
Heureux ceux qui sont morts d'une mort solennelle.

Heureux ceux qui sont morts dans les grandes batailles,
Couchés dessus le sol à la face de Dieu.
Heureux ceux qui sont morts sur un dernier haut lieu,

Parmi tout l'appareil des grandes funérailles.

Heureux ceux qui sont morts pour des cités charnelles.
Car elles sont le corps de la cité de Dieu.
Heureux ceux qui sont morts pour leur âtre et leur feu,
Et les pauvres honneurs des maisons paternelles.

Car elles sont l'image et le commencement
Et le corps et l'essai de la maison de Dieu.
Heureux ceux qui sont morts dans cet embrassement,
Dans l'étreinte d'honneur et le terrestre aveu.

Car cet aveu d'honneur est le commencement
Et le premier essai d'un éternel aveu.
Heureux ceux qui sont morts dans cet écrasement,
Dans l'accomplissement de ce terrestre vœu.

Car ce vœu de la terre est le commencement
Et le premier essai d'une fidélité.
Heureux ceux qui sont morts dans ce couronnement
Et cette obéissance et cette humilité.

Heureux ceux qui sont morts, car ils sont retournés
Dans la première argile et la première terre.
Heureux ceux qui sont morts dans une juste guerre.
Heureux les épis murs et les blés moissonnés.

Heureux ceux qui sont morts, car ils sont retournés
Dans la première terre et l'argile plastique.
Heureux ceux qui sont morts dans une guerre antique.
Heureux les vases purs, et les rois couronnés.

Heureux ceux qui sont morts, car ils sont retournés
Dans la première terre et dans la discipline.
Ils sont redevenus la pauvre figuline.
Ils sont redevenus des vases façonnés.

Heureux ceux qui sont morts, car ils sont retournés

Dans leur première forme et fidèle figure.
Ils sont redevenus ces objets de nature
Que le pouce d'un Dieu lui-même a façonnés.

Heureux ceux qui sont morts, car ils sont retournés
Dans la première terre et la première argile.
Ils se sont remoulés dans le moule fragile
D'où le pouce d'un Dieu les avait démoulés.

Heureux ceux qui sont morts, car ils sont retournés
Dans la première terre et le premier limon.
Ils sont redescendus dans le premier sillon
D'où le pouce de Dieu les avait défournés.

Heureux ceux qui sont morts, car ils sont retournés
Dans ce même limon d'où Dieu les réveilla.
Ils se sont rendormis dans cet alléluia
Qu'ils avaient désappris devant que d'être nés.

Heureux ceux qui sont morts, car ils sont revenus
Dans la demeure antique et la vieille maison.
Ils sont redescendus dans la jeune saison
D'où Dieu les suscita misérables et nus.

Heureux ceux qui sont morts, car ils sont retournés
Dans cette grasse argile où Dieu les modela,
Et dans ce réservoir d'où Dieu les appela.
Heureux les grands vaincus, les rois découronnés.

Heureux ceux qui sont morts, car ils sont retournés
Dans ce premier terroir d'où Dieu les révoqua,
Et dans ce reposoir d'où Dieu les convoqua.
Heureux les grands vaincus, les rois dépossédés.

Heureux ceux qui sont morts, car ils sont retournés
Dans cette grasse terre où Dieu les façonna.
Ils se sont recouchés dedans ce hosanna
Qu'ils avaient désappris devant que d'être nés.

Heureux ceux qui sont morts, car ils sont retournés
Dans ce premier terreau nourri de leur dépouille,
Dans ce premier caveau, dans la tourbe et la houille.
Heureux les grands vaincus, les rois désabusés.

— Heureux les grands vainqueurs. Paix aux hommes de guerre.
Qu'ils soient ensevelis dans un dernier silence.
Que Dieu mette avec eux dans la juste balance
Un peu de ce terreau d'ordure et de poussière.

Que Dieu mette avec eux dans le juste plateau
Ce qu'ils ont tant aimé, quelques grammes de terre.
Un peu de cette vigne, un peu de ce coteau,
Un peu de ce ravin sauvage et solitaire.

Mère voici vos fils qui se sont tant battus.
Vous les voyez couchés parmi les nations.
Que Dieu ménage un peu ces êtres débattus,
Ces cœurs pleins de tristesse et d'hésitations.

Et voici le gibier traqué dans les battues,
Les aigles abattus et les lièvres levés.
Que Dieu ménage un peu ces cœurs tant éprouvés,
Ces torses déviés, ces nuques rebattues.

Que Dieu ménage un peu ces êtres combattus,
Qu'il rappelle sa grâce et sa miséricorde.
Qu'il considère un peu ce sac et cette corde
Et ces poignets liés et ces reins courbatus.

Mère voici vos fils qui ce sont tant battus.
Qu'ils ne soient pas pesés comme Dieu pèse un ange.
Que Dieu mette avec eux un peu de cette fange
Qu'ils étaient en principe et sont redevenus.

Mère voici vos fils qui se sont tant battus.
Qu'ils ne soient pas pesés comme on pèse un démon.

Que Dieu mette avec eux un peu de ce limon
Qu'ils étaient en principe et sont redevenus.

Mère voici vos fils qui se sont tant battus.
Qu'ils ne soient pas pesés comme on pèse un esprit.
Qu'ils soient plutôt jugés comme on juge un proscrit
Qui rentre en se cachant par des chemins perdus.

Mère voici vos fils et leur immense armée.
Qu'ils ne soient pas jugés sur leur seule misère.
Que Dieu mette avec eux un peu de cette terre
Qui les a tant perdus et qu'ils ont tant aimée.

Mère voici vos fils qui se sont tant perdus.
Qu'ils ne soient pas jugé sur une basse intrigue.
Qu'ils soient réintégrés comme l'enfant prodigue.
Qu'ils viennent s'écrouler entre deux bras tendus.

Qu'ils ne soient pas jugé comme un pauvre commis
À qui Dieu redemande un compte capital.
Qu'ils ne soient pas taxés comme un peuple soumis
À qui César demande un règlement total.

Qu'ils soient réhonorés comme de nobles fils.
Qu'ils soient réinstallés dans la noble maison.
Et dans les champs de blés et les champs de maïs.
Et qu'ils soient replacés dans la droite raison.

Et qu'ils soient reposés dans leur jeune saison.
Et qu'ils soient rétablis dans leur jeune printemps.
Et que sur leur épaule une blanche toison
Les refasse pasteurs de troupeaux importants.

Et qu'ils soient replacés dans le premier village.
Et qu'ils soient reposés dans l'antique chaumière.
Et qu'ils soient restaurés dans la splendeur première.
Et qu'ils soient remontés dans leur premier jeune âge.

Car ce qui se remet n'est jamais bien remis,
Et tout se compromet par un ajournement.
Mais ce qui se démet est toujours bien démis,
Et rien ne se refait par un retournement.

Et ce qui se promet n'est jamais bien promis,
Mais ce qui se refuse est vraiment révolu.
Et ce qui se permet n'est jamais bien permis,
Mais ce qui se défend est vraiment défendu.

Ce qui se compromet est toujours compromis.
Mais ce qui reste pur n'est jamais assuré.
Car ce qui se commet n'est jamais bien commis.
Mais ce qui se trahit est toujours bien livré.

Car ce qui se soumet n'est jamais bien soumis.
Mais ce qui se révolte est vraiment révolté.
Car ce que l'on admet n'est jamais bien admis.
Mais ce que l'on rejette est vraiment rejeté.

Car tout se dilapide et rien ne se recouvre.
Tout se déconsidère et rien ne se reprend.
Et la vie et la mort et le chaume et le Louvre.
Et rien ne se remonte et tout se redescend.

Qu'ils ne soient pas jugés comme des esprits purs.
Qu'ils ne soient pas pesés dans le spirituel.
Qu'ils ne soient pas comptés dans le perpétuel.
Que Dieu mette avec eux la rocaille et les murs

Et ce maigre buisson qui bornait leur destin.
Qu'ils ne soient pas jugés dans la rigueur première.
Qu'ils ne soient pas jugés dans la dure lumière.
Qu'ils ne soient pas jugés dans le premier matin.

Qu'ils ne soient pas jugés comme des esprits purs.
Qu'ils ne soient pas pesés dans un juste plateau.
Qu'ils soient comme la treille et comme les blés murs

Qui ne sont pas pesés sur le flanc du coteau.

Qu'il ne soient pas jugés comme des esprits purs.
Qu'ils soient ensevelis dans l'ombre et le silence.
Qu'ils ne soient pas jetés misérables et durs
Dans le creux du plateau d'une juste balance.

Qu'ils ne soient pas jugés comme des esprits purs.
Qu'ils ne soient pas pesés dans l'immatériel.
Qu'il soit compté qu'ils ont un sang artériel
Et des raisonnements lamentables et sûrs.

Qu'ils ne soient pas pesés par les poids éternels.
Qu'ils ne soient pas jugés sur une basse brigue.
Qu'ils soient réembrassés, comme l'enfant prodigue
Rentre, et se précipite aux genoux paternels.

Mère voici vos fils faibles et saugrenus.
Qu'ils ne soient point jugés sur leur basse fatigue.
Qu'ils soient réinvoqués comme l'enfant prodigue
Rentre et sais se glisser par des chemins connus.

Qu'ils ne soient pas jugés sur une basse ligue.
Qu'ils ne soient pas livrés aux mains de l'ennemi.
Qu'ils soient réentourés comme l'enfant prodigue
Reconnaît la pelouse et le perron ami.

Que Dieu leur soit clément et que Dieu leur pardonne
Pour avoir tant aimé la terre périssable.
C'est qu'ils en étaient faits. Cette boue et ce sable,
C'est là leur origine et leur pauvre couronne.

C'est le sang de l'artère et le sang de la veine.
Et le sang de ce cœur qui ne bat déjà plus.
C'est le sang du désir et le sang de la peine.
Et le sang du regret des âges révolus.

Que Dieu leur soit clément et que Dieu leur pardonne

Pour avoir tant aimé la terre périssable.
Ils en étaient venus. Cette boue et ce sable,
C'est là leurs pieds d'argile et leur pauvre couronne.

C'est le sang de l'artère et le sang de la veine
Et le sang de ce cœur qui ne bat que pour vous.
C'est le sang du regret et le sang de la peine
Et le sang de ce cœur qui s'amortit en nous.

C'est le sang de la honte et le sang de la peine
Et le sang de l'aorte et c'est le sang du cœur.
C'est le sang de l'amour et le sang de la haine
Et le sang du vaincu sur les mains du vainqueur.

C'est le sang de l'orgueil et le sang de la peine
Et de la veine porte et c'est le sang du cœur
Et de la veine cave et du sang de la haine
Et les taches de sang sur les bras du vainqueur.

Et c'est aussi le sang d'une pauvre colère
Qui se soulève en vain dans un si pauvre cœur.
Et c'est aussi le sang d'une pauvre misère
Qui se révolte en vain sous le poing du vainqueur.

C'est le sang du martyr et le sang de César.
C'est le sang du martyr et le sang du bourreau.
C'est le sang qui dégoutte au fond du tombereau.
Le sang de la victime exposé au bazar.

C'est le sang de la messe et le sang du calice
Et le sang du martyr sur les bras du bourreau,
Et le sang qui s'écaille au fond du tombereau,
Et le sang qui jaillit aux pointes du cilice.

Et c'est le sang joué dans les jeux de hasard.
Et l'honneur exposé dans les jeux d'aventure.
Et la race jouée aux jeux de forfaiture.
Et le bonheur joué dans ce morne alcazar.

Et c’est le forcement de cet homme hagard.
Et les bourreaux lâchés dans la plaine et les bois.
Et le dérèglement de cette pauvre voix.
Et le désœuvrement de ce pauvre regard.

Que Dieu mette avec eux un peu de cette terre
Qu’ils étaient en principe et sont redevenus.
C’est le sang de la veine et le sang de l’artère
Et le sang de ces corps misérables et nus.

Et moi-même le sang que j’ai versé pour eux,
C’était leur propre sang et du sang de la terre.
Du sang du même cœur et de la même artère.
Du sang du même peuple et du mêmes Hébreux.

Les pleurs que j’ai versés sur un mont solitaire,
Les pleurs que j’ai pleurés quand j’ai pleuré sur eux,
C’étaient les mêmes pleurs et de la même terre,
Et de la même race et des mêmes Hébreux.

Le sang que j’ai versé sous la lance romaine,
Le sang que j’ai versé sous la ronce et les clous ;
Et quand je suis tombé sur ma faiblesse humaine
Sur les paumes des mains et sur les deux genoux ;

Le sang que j’ai versé sous la lance de Rome,
Le sang que j’ai versé sous l’ortie et le houx ;
Et quand je suis tombé par ma faiblesse d’homme
Sur mes mains, sur ma face et sur mes deux genoux ;

Le sang que j’ai versé sous la lance de Rome,
Le sang artériel que j’ai versé pour vous
Le jour que je tombai sur mes maigres genoux,
C’était le sang d’un juste et c’était du sang d’homme.

Le sang que j’ai versé sous la feinte couronne,
Les pleurs que j’ai versés sous cette multitude ;

Les mots que j'ai versés dans ma similitude,
Les coups que j'ai reçus sous la double colonne ;

Le verbe que j'ai mis en forme de parole
Et l'amour que j'ai mis en forme de bonté,
La gerbe que j'ai mise en forme d'unité,
Le grain que j'ai semé dans toute parabole ;

Le sang que j'ai versé sous la blanche aubépine,
Le sang que j'ai perdu dans mon humanité ;
Les pleurs que j'ai versés dans la creuse ravine,
Le sang que j'ai perdu dans mon éternité ;

Les pleurs que j'ai perdus dans ma miséricorde,
Les coups que j'ai reçus dans mon humanité ;
L'avanie et l'outrage aux mains de cette horde,
Les coups que j'ai reçus dans mon éternité ;

Le sang que j'ai versé le jour de la promesse,
Le sang que j'ai versé sur le premier autel ;
Et le sang que je verse aux tables de la messe,
Le sang inépuisable et le sacramentel ;

Les mots que j'ai semés dans ma miséricorde,
Le sang que j'ai payé pour le péché mortel,
Et la rage et la honte et le sceptre et la corde,
Le sang intarissable et le sacramentel ;

Le sang que je versai le jour que je fus prêtre
Et que j'officiai sur le premier autel ;
Et celui que je verse et que je fais renaître,
Le sang renouvelable et le sacramentel ;

Le sang que je versai le lendemain du jour
Que je fus embrassé par un malheureux traître ;
Et ce sang d'un égal et d'un nouvel amour
Que je verse et refais aux mains d'un nouveau prêtre ;

Et le pain de mon corps et le vin de mon sang,
Et le verbe jailli de mes divines lèvres ;
Et le salut gagné par mes divines fièvres,
Et l'éponge et le fiel et cette plaie au flanc ;

Le sang que je laissai sur un pauvre mouchoir
Où mes traits sont empreints pour éternellement ;
L'image que reçut ce frêle monument,
C'était la même glaise et le même ébauchoir

Et le même modèle aux mains du statuaire
Et la même figure et la même plastique
Et le même relief du même masque antique ;
Et les plis de mon corps sous le drap mortuaire.

C'était la même glaise aux mains du statuaire,
Le même modelé sous un pouce plastique,
Le même figuré sous un masque authentique,
Et le même tracé sous le drap mortuaire.

Le sang qui dégoutta sur ma pauvre tunique,
Ma barbe et mes cheveux souillés de cette bourbe,
Mon regard et mon verbe aux mains de cette tourbe,
Et ce qu'ils avaient fait de votre Fils unique,

Mon nez qui s'écrasait dans l'ordure et la boue,
Mes disciples en proie à la terreur panique,
Le bourreau qui clouait d'un geste mécanique
Et qui plantait la croix dedans cette gadoue

Et l'empreinte léguée aux mains de Véronique,
Ma barbe et mes cheveux essuyés désormais,
Mon plus ancien portrait et le seul authentique,
Le seul que nul oubli ne défera jamais,

Le seul que nul oubli n'a jamais dépassé,
Le seul qui soit sauvé de leur ingratitude,
Le seul qui soit sauvé de la décrépitude,

Le seul que nul dessin n'a jamais surpassé,

Le seul que nul oubli n'a jamais effacé,
Le seul qui soit sauvé des dégradations,
Le seul qui soit posé parmi les nations
Comme le seul témoin d'un éternel passé,

Le seul que nul oubli n'a jamais effacé,
Le seul qui soit inscrit dans l'éternité même,
Le seul qui soit gravé dans le mouvant système
Du présent, du futur, et du tendre passé ;

Ce masque mon seul masque et ce moule plastique,
Cette empreinte laissée à cette pauvre femme,
Cette unique mémoire et cette forme unique,
La même qui parut aux yeux de Notre Dame ;

Ce masque sans retour, cette forme éternelle,
Cette empreinte laissée entre de pauvres doigts,
C'était le résultat de l'applique charnelle
D'un mouchoir périssable au front du roi des rois.

C'était le modelé d'une forme charnelle
Sous la fidélité d'un mouchoir de la terre.
C'était la même face auguste et solitaire,
Telle qu'elle apparut à l'amour maternelle.

Cette face laissée entre de pauvres doigts,
Cette face terreuse et ce mouchoir terreux,
C'était le même aspect qui ne vint qu'une fois,
C'était la même terre et les mêmes Hébreux.

Et ce pain et ce vin et ma chair et mon sang,
Et ce verbe et ces pleurs sur cette multitude ;
Et l'accusé debout le long d'un pauvre banc,
Et le déversement de cette ingratitude ;

Et cette foule ardente et qui voulait mon sang,

Et qui criait de joie aux mots malencontreux,
Et votre fils réduit en cet infime rang,
C'était la même terre et les mêmes Hébreux.

Cette foule houleuse et qui voulait mon sang,
Et qui pleurait de joie aux mots cadavéreux,
Ces groupes déchaînés, ce peuple grimaçant,
C'est la même terre et les mêmes Hébreux.

Cette foule hurlante et qui voulait mon sang,
Et qui crevait de joie aux mots aventureux,
Ces groupes forcenés, ce peuple repoussant,
C'était la même terre et les mêmes Hébreux.

C'étaient les mêmes pleurs et c'est la même race.
C'était le même sang, le sang héréditaire.
C'étaient les mêmes pas suivant la même trace.
C'était le même corps fait de la même terre.

C'étaient les mêmes cris jaillis des mêmes gorges,
C'était la même houle et le même océan,
C'était le même feu jailli des mêmes forges,
C'était la même foule et le même néant.

C'était le même sang, le premier héritage
Que tout homme ait reçu de sont père charnel,
Comme le don de grâce est le premier partage
Que tout homme ait reçu de son père éternel.

C'était le même peuple et la race pédestre
Et le cheminement pour monter au Calvaire.
Et le gouvernement sous une race équestre,
Antoine, Marc-Aurèle et Septime-Sévère.

Et le gouvernement sous Lépide et Octave,
Et les casernements sous le procurateur,
Et le prosternement devant le laticlave,
Et devant le préfet et l'administrateur.

C'était le même peuple et la race pédestre
Sous le balancement des cavaliers romains,
Sous la lance et la verge et sous les lourdes mains
Et sous les lourds chevaux de cette race équestre.

Seigneur qui les avez pétris de cette terre,
Ne vous étonnez pas qu'ils soient trouvés terriens.
Vous les avez rivés sous la lourde galère.
Ne vous étonnez pas qu'ils soient galériens.

Seigneur qui les avez nourris de cette terre,
Ne vous étonnez pas que cette nourriture
Les ait faits cette race ingrate et solitaire,
De petite noblesse et de pauvre nature.

Seigneur qui les avez formés de cette terre,
Ne soyez pas surpris qu'ils soient trouvés informes,
Et bossus et bancals et sournois et difformes,
Et mauvaise nature et mauvais caractère.

Seigneur qui les avez nourris de cette terre,
Ne vous étonnez pas qu'ils soient trouvés parjures,
Et que cette origine et que ces nourritures
En aient fait cette race obscure et réfractaire.

Seigneur qui les avez pétris de cette terre,
Ne vous étonnez pas qu'ils soient trouvés terrestres.
Vous avez jalonné la voie héréditaire.
Ne vous étonnez pas qu'ils soient trouvés pédestres.

Seigneur qui les avez nourris de cette terre,
Ne vous étonnez pas que cette nourriture
En ait fait cette race agreste et solitaire,
De petite noblesse et de grande roture.

Seigneur qui les avez pétris de cette terre,
Ne vous étonnez pas qu'ils soient trouvés terreux.

Vous les avez pétris de vase et de poussière,
Ne vous étonnez pas qu'ils marchent poussiéreux.

Seigneur qui les avez frappés de votre foudre,
Ne vous étonnez pas qu'ils soient trouvés peureux.
Vous qui les avez fait sortir de cette poudre,
Ne vous étonnez pas qu'ils soient trouvés poudreux.

Vous les avez pétris de cette humble matière,
Ne vous étonnez pas qu'ils soient faibles et creux.
Vous les avez pétris de cette humble misère.
Ne soyez pas surpris qu'ils soient des miséreux.

Vous qui les avez faits d'une argile grossière,
Ne soyez pas surpris qu'ils soient trouvés lépreux.
Et vous qui les avez livrés aux vers de terre,
Ne vous étonnez pas qu'ils soient trouvés véreux.

Car le surnaturel est lui-même charnel
Et l'arbre et la grâce est raciné profond
Et plonge dans le sol et cherche jusqu'au fond
Et l'arbre de la race est lui-même éternel.

Et l'éternité même est dans le temporel
Et l'arbre de la grâce est raciné profond
Et plonge dans le sol et touche jusqu'au fond
Et le temps est lui-même un temps intemporel.

Et l'arbre de la grâce et l'arbre de nature
Ont lié leurs deux troncs de nœuds si solennels,
Ils ont tant confondu leurs destins fraternels
Que c'est la même essence et la même stature.

Et c'est le même sang qui court dans les deux veines,
Et c'est la même sève et les mêmes vaisseaux,
Et c'est le même honneur qui court dans les deux peines,
Et c'est le même sort scellé des mêmes sceaux.

C'est le même destin qui court dans les deux chances.
Et c'est la même mort qui meurt dans les deux morts.
Et c'est le même effroi qui court dans les deux transes.
Et la même bonace au sein de ces deux ports.

Toute âme qui se sauve aussi sauve son corps.
Toute âme qui périt entraîne son jumeau.
Toute âme qui se pose au long des derniers bords
Est comme un reposoir dans un dernier hameau.

Toute âme qui se sauve ainsi sauve son corps.
Toute âme qui se perd entraîne son besson.
Toute âme qui se pose au fond des derniers ports
Est comme un double oiseau sur un dernier buisson.

Toute âme qui se sauve emporte aussi son corps,
Comme une proie heureuse et comme un nourrisson.
Et toute âme qui touche aux suprêmes abords
Est comme un moissonneur le soir de la moisson.

Tout âme qui se sauve ensauve aussi son corps,
Comme une sœur aînée emporte un nourrisson.
Et toute âme qui touche aux suprêmes rebords
Est comme un moissonneur au bord de la moisson.

Et l'arbre de la grâce et l'arbre de nature
Se sont liés tous deux de nœuds si fraternels
Qu'ils sont tous les deux âme et tous les deux charnels
Et tous les deux carène et tous les deux mâture.

Et tous les deux crées et tous deux créature,
Et tous les deux vaisseaux sur le même Océan.
Et tous les deux armés de la même armature,
Et tous les deux berceaux sur le même néant.

Et tous les deux leçons de la même lecture,
Et comme deux tuteurs dans un double arbrisseau,
Et tous deux cavaliers et tous les deux monture,

Et comme un double enfant dans un double berceau.

Et l'arbre de la grâce et l'arbre de nature
Se sont étreints tous deux comme deux lourdes lianes.
Par-dessus les piliers et les temples profanes,
Ils ont articulé leur double ligature.

Et l'un ne périra que l'autre aussi ne meure.
Et l'un ne survivra que l'autre aussi ne vive.
Et l'un ne restera que l'autre ne demeure.
Et l'un ne passera sur la suprême rive

Que l'autre aussi ne fasse un semblable voyage.
Et l'un ne partira dans son dernier trousseau
Que l'autre aussi ne fasse un tel appareillage
Et ne s'embarque aussi sur un dernier vaisseau.

Et Jésus est le fruit d'un ventre maternel,
Fructus ventris tui, le jeune nourrisson
S'endormit dans la paille et la balle et le son,
Ses deux genoux pliés sous son ventre charnel.

Et ses beaux yeux fermés sous l'arceau des paupières
Ne considéraient plus son immense royaume.
Et les bergers venus par des chemins de pierres
Le regardaient dormir dans la paille et le chaume.

Et ses beaux yeux fermés sur nos ingratitudes
Ne considéraient plus qu'un rêve intérieur.
Ses jeunes yeux fermés sur nos décrépitudes
Ne considéraient plus qu'un âge antérieur.

Et la lourde toison de ses cheveux bouclés
Retombait sur sa nuque en décuple cascade.
Et son poing volontaire et ses bras potelés
Supportaient tout le poids de cette colonnade.

Ses beaux cheveux tombaient en mouvante torsade

Et faisaient sur sa nuque une ombre creuse et blonde.
Les rois de l'Orient, venus en ambassade,
Le regardaient dormir comme le roi du monde.

Et sa tête portait dans le creux de son coude
Comme un beau bâtiment porte dans son berceau.
Il n'était pas froncé comme un enfant qui boude.
Il était détendu comme un jeune roseau.

Et sa tempe battait d'un sang si généreux
Que sa tête sonnait comme un jeune tambour.
Et son cœur se gonflait d'un sang si chaleureux
Que tout son corps tremblait de ce nouvel amour.

Un pli du bras portait l'impérissable tête.
Et c'est ce pli du bras qu'on nomme la saignée.
Il admirait tout bas quelque invisible fête.
Il était comme une aube éclatante et baignée.

Juste le pli du bras portait la tête blonde.
Les membres détendus formaient comme un recueil.
Tout était jeune alors, et le sauveur du monde
Était un jeune enfant qui jouait sur un seuil.

Dans le creux de ce pli roulait la tête ronde.
(La même qui fut mise en un pauvre cercueil).
Tout s'appesantissait dans cette nuit profonde,
La même qui tomba sur un suprême deuil.

Tout en lui reposait et ses lèvres lactées
Riaient et s'entr'ouvraient comme une fleur éclose.
Et le sang nouveau-né sur ses lèvres de rose
Courait dans le réseau des veines ajourées.

Tout en lui reposait. Sur ses lèvres lactées
Quelques gouttes tremblaient vaguement négligentes.
Quelques gouttes perlaient vainement engageantes,
Comme la sève perle au bord des fleurs coupées.

Le réseau qui tremblait sous la lèvre lactée
Battait comme les nœuds d'une souple dentelle.
Car la vie éternelle et la sacramentelle
N'est point une entreprise aride et contractée.

Le réseau qui battait sous la lèvre lactée
Laissait comme les jours d'une souple dentelle.
Car la vie éternelle et la sacramentelle
N'est point une entreprise épaisse et contractée.

Le réseau qui battait sous la lèvre lactée
Laissait comme les pleins d'une souple dentelle.
La vie intérieure et la sacramentelle
N'est point une entreprise ingrate et contractée.

Le réseau qui battait sous la lèvre lactée
Laissait comme le jeu d'une souple dentelle.
La vie intérieure et la sacramentelle
N'est point une entreprise à bloc et contractée.

Le réseau qui jouait sous la lèvre lactée
Faisait tout le travail d'une souple dentelle.
Car la vie éternelle et la sacramentelle
N'est point une entreprise énorme et contractée.

Le réseau qui tremblait sous la lèvre lactée
Laissait la liberté d'une souple dentelle.
La vie intérieure et la sacramentelle
N'est point une entreprise esclave et contractée.

Le réseau qui tremblait sous la lèvre lactée
Respirait la santé d'une souple dentelle.
Car la vie éternelle et la sacramentelle
N'est point une entreprise infirme et contractée.

Les solives du toit faisaient comme un arceau.
Les rayons du soleil baignaient la tête blonde.

Tout était pur alors et le maître du monde
Était un jeune enfant dans un pauvre berceau.

Chaque poutre du toit était comme un vousseau.
Les ombres de la nuit baignaient la tête ronde.
Tout était juste alors et le maître du monde
Était un jeune enfant sous un maigre cerceau.

Et ce sang qui devait un jour sur le Calvaire
Tomber comme une ardente et tragique rosée
N'était dans cette heureuse et paisible misère
Qu'un filet transparent sous la lèvre rosée.

Et ce sang qui devait un jour sur le Calvaire
Tomber comme une tiède et féconde rosée
N'était dans cette auberge et dans cette chaumière
Qu'un réseau rose et bleu sous une peau rosée.

Et ce sang qui devait un jour sur le Calvaire
Tomber comme une chaude et virile rosée
N'était dans sa tendresse et sa douceur première
Qu'un souple réseau fin sous une peau rosée.

Et ce sang qui devait par un destin sévère
Couler comme une rouge et vivante rosée,
Le sang du sacrifice et le sang du Calvaire
N'était qu'un tremblement sous la lèvre arrosée.

Et ce sang qui devait un jour sur le Calvaire
Couler comme une épaisse et fumante rosée
N'était sous le regard d'une prudente mère
Qu'un souple gonflement sous la peau reposée.

Et le jour qui passait par une énorme brèche,
Le soleil descendu dans la pauvre maison,
N'éclairait dans l'étable et dans cette humble crèche
Qu'un jeune enfant gonflé de sa jeune saison.

Et ce sang qui devait par un dur ministère
Couler comme une pure et sanglante rosée,
Le sang du sacrifice et le sang du Calvaire
N'était qu'un beau réseau de veine entrelacée.

Et ce sang qui devait par un sacré mystère
Couler comme une source et comme une rosée,
Le sang de l'offertoire et le sang du Calvaire
N'était qu'un beau réseau de veine entrecroisée.

Et le sang de la veine et le sang de l'artère,
Le même d'où devait jaillir cette rosée,
Et le sang du rachat des péchés de la terre
N'était qu'un beau réseau de veine entreposée.

Et le sang de l'aorte et le sang de ce cœur
Qui devait tant saigner pour les péchés du monde
N'était dans ces deux bras et dans la tête ronde
Que le beau tremblement d'un timide vainqueur.

Et ce sang qui devait sur le dernier Calvaire
Couler tout plein d'écume et comme une rosée,
Le sang de l'amertume et du dernier mystère
N'était qu'un beau réseau sous la lèvre amusée.

C'était un beau réseau comme un filet marin
Qu'on relève lavé de la plus basse écume.
C'était un beau filet comme un réseau salin
Qu'on relève lavé de la même amertume.

C'était un tremblement comme un filet marin
Qui se coud et découd dans une eau transparente.
C'était un gonflement comme un réseau salin
Qui se gonfle et résoud dans une onde apparente.

C'était un gonflement comme un réseau de mer
Qui se noue et dénoue au sein des grandes ondes.
C'était un tremblement comme un filet amer

Qui se joue et déjoue aux plis des vastes mondes.

C'était un gonflement comme un réseau de mer
Que l'on a retiré de la vague marine.
C'était un tremblement comme un filet amer
Que l'on a mis sécher sur la barque latine.

C'était un battement comme un réseau de mer
Qui se roule et déroule au creux des vagues rondes.
C'était un flottement comme un filet amer
Que l'on a recoulé dans les vagues profondes.

Et ce sang qui devait un jour sur le Calvaire
Couler comme une offrande et comme une rosée,
Le dur sang du martyr et le sang funéraire
Était comme le lin d'un voile d'épousée.

Et ce sang qui devait couler sur le Calvaire
D'une quadruple plaie et d'une plaie au flanc
N'était dans la pénombre et la douce lumière
Que le réseau d'amour d'un enfant rose et blanc.

Sous une peau plus douce et frêle et transparente
Que la peau du raisin quand il devient doré,
Sous une peau plus fine et grêle et déférente
Que la peau d'un raisin humide et mordoré.

Et ce sang qui devint une épaisse liqueur
N'était qu'une fluide et transparente sève.
Et ce cœur qui devint l'inépuisable cœur
Ne poursuivait qu'un jeune et délectable rêve.

Ces veines qui devaient hors des poignets liés
Jaillir et se gonfler comme des nœuds de cordes,
Ces veines de clémence et de miséricordes
N'étaient dans l'appareil des membres déliés

Qu'un beau réseau plus fin que de fils de la Vierge,

Un filet mieux venu qu'un filet de pêcheur,
Et dans la paix et l'ombre au fond de cette auberge
Un réseau rose et bleu tremblotant de blancheur.

Sous une peau plus lisse et plus souple et plus douce
Que la peau du raisin qui mûrit sur la treille,
Sous une peau dorée et légèrement rousse
Et légèrement blonde et vivace et pareille

À la peau du raisin qui blondit sur la treille,
À l'heure où le soleil mûrit la lourde grappe,
À l'heure ou le frelon et la mouvante abeille
Viennent se refléter sur le blanc de la nappe.

Et ce sang qui devait un jour sur le Calvaire
Tomber comme une pluie aux sables de la grève
N'était dans cette auberge et dans ce jeune rêve
Que l'irrigation d'une rose paupière.

L'impérial débat du jour et de la nuit
Marquait dans ce silence une invisible trêve.
Et le temps suspendu, dans cet humble réduit
Découpait les contours d'une heure chaste et brève.

Le départagement de la nuit et du jour
Sur le tracé commun marquait une heure brève.
Le déharnachement de tendresse et d'amour
Sur le parvis commun posait une humble trêve.

Le solennel débat du jour et de la nuit
Marquait dans ce silence une invisible trêve.
Et le temps suspendu, dans cet humble réduit
Découpait les contours d'une heure unique et brève.

Le départagement de la nuit et du jour
Sur le double tracé posait comme une trêve.
Le déharnachement de rudesse et d'amour
Sur le double parvis posait une heure brève.

Le solennel débat de la nuit et du jour
Au-dessus de ces fronts suspendait comme un glaive.
Le déharnachement d'allégresse et d'amour
Sur le double parvis posait une heure brève.

Le démantèlement de la nuit et du jour
Sur le double fossé jetait comme une trêve.
Et le désarmement de jeunesse et d'amour
Sur l'éternel débat jetait une heure brève.

Et ce sang qui devait sous la lance romaine
Couler comme la source aux sables du désert
N'était dans un berceau soigneusement couvert
Qu'un peu de vigilance et de tendresse humaine.

Et ce sang qui devait sur le dernier haut lieu
Pleuvoir comme la manne aux déserts de l'exode
N'était dans cette heureuse et molle période
Que l'entrelacement d'un réseau rose et bleu.

Et ce poil qui devait balayer le chemin
N'était pas même encor un peu de poil follet.
Cette barbe souillée au tribunal romain
N'était pas même une ombre et pas même un duvet.

Et cette peau tannée autant qu'un parchemin
Était comme la peau d'un raisin sur la treille,
À l'heure où le frelon et la mouvante abeille
Reviennent se poser sur le pampre romain.

Ainsi l'homme n'était qu'un petit Benjamin,
Un nouveau Benjamin sous un nouveau Joseph.
Et tout l'honneur de l'homme et tout l'espoir humain
Tenaient dans le vaisseau de cette unique nef.

Et tout l'homme n'était qu'un nouveau Benjamin,
Un nouveau Benjamin sous un nouveau Joseph.

Et tout l'avoir de l'homme et tout l'espoir humain
Tenaient en cet instant implacablement bref.

Et tout l'homme n'était qu'un dernier Benjamin,
Un dernier Benjamin sous un dernier Joseph.
Et le salut de l'homme et tout l'espoir humain
Tenaient dans le berceau de cet unique chef.

Le père nourricier était comme un grand frère.
Et ce nouveau Joseph était un frère aîné.
Mais cette autre Rachel était vraiment la mère
Et se penchait vraiment sur un fils nouveau-né.

Et ce fut là vraiment dans un double héritage
Un instant fugitif et presque insaisissable.
Et ce fut là vraiment dans un double partage
Un fils deux fois aimé deux fois impérissable.

Et tout ce sang n'était encor qu'un sang de lait
Fleuri de jeune grâce et riant de bonheur.
Et tous ces jours n'étaient encor qu'un chapelet
De bonheurs enfilés sur le fil de l'honneur.

Et tout ce sang n'était encore qu'un sang de lait
Fleuri de bonne grâce et semé de bonheur.
Et tous ces jours n'étaient encor qu'un chapelet
De beaux jours enfilés au réseau de l'honneur.

Sous le regard de l'âne et le regard du bœuf
Cet enfant reposait dans la pure lumière.
Et dans le jour doré de la vieille chaumière
S'éclairait son regard incroyablement neuf.

L'enfant levait les yeux vers les deux grosses têtes,
Promenant son regard sur ces deux monuments.
Ces voisins lui donnaient d'inconcevables fêtes,
Balançant du château comme deux bâtiments.

Balançant du fronton comme deux grands navires
Balancent des haubans et des courbes châteaux,
Quand la mer est bonace et quand les doux zéphires
S'amusent à jouer dans les porte-manteaux.

L'enfant levait les yeux vers les énormes yeux
Plus profonds et plus doux que l'énorme Océan.
Novice il contemplait dans ce miroir géant
La profondeur des mers et le reflet des cieux.

L'enfant levait les yeux vers ce miroir béant
Où se réfléchissait la bonté de ce monde.
Un amour se peignait sur la face profonde,
Noyé dans le reflet d'un palpable néant.

Le soleil qui passait par les énormes brèches
Éclairait un enfant gardé par du bétail.
Le soleil qui passait par un pauvre portail
Éclairait une crèche entre les autres crèches.

Mais le vent qui soufflait par les énormes brèches
Eût glacé cet enfant qui c'était découvert.
Et le vent qui soufflait par le portail ouvert
Eût glacé dans sa crèche entre les autres crèches

Cet enfant qui dormait en fermant les deux poings
Si ces deux chambellans et ces museaux velus
Et ces gardes du corps et ces deux gros témoins
Pour le garer du froid n'eussent soufflé dessus.

Sous le regard du bœuf et le regard de l'âne
Cet enfant respirait dans son premier sommeil.
Les bêtes calculant dedans leur double crâne
Attendaient le signal de son premier réveil.

Et ces deux gros barbus et ces deux gros bisons
Regardaient s'éclairer la lèvre humide et ronde.
Et ces deux gros poilus et ces deux gros barbons

Regardaient sommeiller le premier roi du monde.

Et ces deux mal tondus et ces sortes d'oursons
Regardaient s'éclairer la face rose et blonde.
Et ces museaux pointus et ces deux gros garçons
Regardaient respirer le premier roi du monde.

Et ces deux tard-venus et ces deux vieux garçons
Regardaient s'éclairer la face humide et fraîche.
Et tous deux s'avançant au-dessus de la crèche
Regardaient reposer le roi des nations.

Et ces deux vieux bourrus et ces parfait notaires
Regardait cette face internelle et profonde.
Et ces deux gros joufflus et ces protonotaires
Regardait sommeiller le plus beau roi du monde.

Et ces pattes pelus et ces ambassadeurs
Considéraient la bouche ouverte et toute ronde.
Et ces deux gros zébus et ces deux commandeurs
Considéraient cet être où tout être se fonde.

Ainsi ces deux tortus, ainsi ces deux gros pères
Considéraient la face éblouissante et blonde.
Ainsi ces deux bossus, ainsi ces deux compères
Regardaient ce premier que tout être seconde.

Ainsi ces deux ventrus, ainsi ces beaux garçons
Contemplaient cette face épanouie et ronde.
Ainsi ces deux repus et ces deux nourrissons
Le regardaient dormir pour le salut du monde.

Et ces avantageux et ces deux vieux grognons
Opinaient du museau vers un jeune bambin.
Et ces deux partageux et ces deux compagnons
Laissaient tomber leur nez sur ce pauvre gamin.

Et ces chapeau pointus et ces deux esprits forts

Dominaient de très haut cet enfant ingénu.
Et ces deux yeux ouverts comme deux grand sabords
Considéraient de haut cet enfant pauvre et nu.

Et ces deux gros mafflus et ces croquemitaines
Regardaient cet enfant comme un superbe fils.
Et ces deux gros pansus et ces plein de maïs
Regardaient le vainqueur des plus gros capitaines.

Et ces mufles savants et ces intelligences
Déploraient cet état où nous l'avons laissé.
Et ces deux pleins d'esprit et ce couple empressé
En soi-même blâmaient de telles négligences.

Et ces deux grands docteurs et ces deux bonnets d'ânes
Déploraient l'abandon où nous l'avons laissé.
Et ces deux pleins de cœur et ce couple enchâssé
Ruminaient des pensers qui fuyaient sous ces crânes.

Ainsi ces deux experts et ces fins connaisseurs,
D'un mufle balancé pesaient le divin fils.
Et ces deux courbatus et ces pleins de maïs
Faisaient les entendus et les intercesseurs.

Ainsi ces deux grison et ces deux amateurs
D'un mufle audacieux jugeaient le fils de l'homme.
Et ces deux rebondis et ces consommateurs
Mesuraient cet enfant qui poursuivait son somme.

Ainsi ces beaux tendrons, ainsi ces fins diseurs
D'un mufle précieux jaugeaient le fils unique.
Par-devant ces messieurs commissaires-priseurs
L'enfant comparaissait dans sa pauvre tunique.

Et ces deux paysans et ces deux potentats
D'un mufle officieux pesaient le roi mon maître.
Et ces deux présidents et ces hommes d'États
Considéraient cet être où se fonde tout être.

Et ces gouvernements et ces deux majordomes
Du haut de leur museau pesaient le Grand Dauphin.
Et ces deux renchéris et ces deux museau fin
Contemplaient l'héritier des rois et des royaumes.

Et ces deux prébendés et ces deux gros chanoines
Contemplaient le seigneur du siècle et de la règle.
Et ces deux débridés et ces deux premiers moines
Contemplaient le seigneur de l'avoine et du seigle.

Et ces hommes du peuple et ces représentants
Du haut de leur grandeur pesaient ce petit frère.
Et ces hommes de tête et ces deux compétents
Du haut de leur grosseur narguaient ce petit père.

Et ces deux prévoyants et ces deux économes
Veillaient de tout leur poids sur le roi notre sire.
Et ces deux surveillants et ces deux gros bonhommes
Pensaient de tout leur poids et cherchaient à s'instruire.

Et ces deux bienveillants et ces chevau légers
Pensaient de tout leur poids et cherchaient à déduire.
Et ces hommes de biens et ces galants bergers
Dansaient de tout leur poids et cherchaient à séduire.

Et ces deux pleins de paille et ces deux présidents
D'un mufle gracieux pesaient le roi mon frère.
Et ces deux pleins d'avoine et ces deux résidents
D'un mufle astucieux interrogeaient la mère.

Et ces deux pleins d'astuce et ces deux gros sergents
D'un mufle soucieux pesaient le roi mon frère.
Et ces pleins de tendresse et ces pleins de misère
Faisaient les radieux et les intelligents.

Et ces deux amoureux et ces deux beaux athlètes
Jouaient leur double jeu pour ce maigre public.

Et ces deux langoureux et ces rudes ascètes
S'adoucissaient un peu pour ce jeune laïc.

Et ces hommes de poids, ces administrateurs
Dans leur double cerveau calculaient la dépense.
Et ces législateurs et ces conservateurs
Balançaient leurs beaux flancs parmi leur double panse.

Et ces hallebardiers montaient leur double garde.
Et ce pertuisaniers faisaient la double haie.
Et ces gonfalonniers arboraient leur cocarde :
Deux pennons de poils blancs coupés par une raie.

Et ces prétentieux et ces estimateurs
Voyaient de près celui que nous n'avons pas vu.
Et ces deux donateurs et ces adorateurs
Gardaient ce fils de Dieu que nous avons perdu.

Et ces laborieux et ces deux gros fidèles
Possédaient cette enfant que nous n'avons pas eu.
Et ces industrieux et ces deux haridelles
Gardaient ce fils de Dieu que nous avons vendu.

Et ces maître de l'homme et ces gouvernateurs
Gouvernaient cet enfant que nous n'avons pas su.
Et ces préfets de Rome et ces procurateurs
Gardaient ce fils de Dieu que nous n'avons pas pu.

Et ces deux gros bedons, ces hommes d'importance
Laissaient leur bel esprit courir la pretentaine.
Et à notre défaut et par notre inconstance
Ils veillaient cet enfant dans sa maigre futaine.

Et notre incohérence et notre inconsistance
Abandonnaient l'enfant à ces deux beaux danseurs.
Et notre suffisance et notre inadvertance
Abandonnaient l'enfant à ces deux grands penseurs.

Et notre ingratitude et notre incompétence
Abandonnaient l'enfant à ces pauvres censeurs.
Et notre turpitude et notre impénitence
Abandonnaient l'enfant à ses vrais défenseurs.

Et notre platitude et notre inexistence
Abandonnaient l'enfant à ces deux connétables.
Et notre quiétude et notre intermittence
Abandonnaient l'enfant à ces deux gros comptables.

Et ces deux estafiers et ces deux gros gendarmes
Autour du bel enfant montaient leur double garde.
Or cet enfant venu pour notre sauvegarde,
Où l'avons-nous laissé dans le fracas des armes.

Et les pauvres moutons eussent donné leur laine
Avant que nous n'eussions donné notre tunique.
Et ces deux gros pandours donnaient vraiment leur peine.
Et nous qu'avons-nous mis aux pieds du fils unique.

Avons nous répandu les cendres de nos haines
Comme un manteau d'argent sous des pieds adorés.
Avons-nous répandu le sable de nos peines
Comme un tapis d'argent aux reflets mordorés.

Avons-nous répandu par les champs de la plaine
Notre fumier d'orgueil et d'ostentation.
Avons-nous recueilli dans l'urne grave et pleine
Les grâces de détresse et de contrition.

Avons-nous déroulé le tissu de nos jours
Sur le parvis de marbre et dans le beau jardin.
Avons-nous déroulé l'ombre de nos amours
Entre l'ombre de l'arbre et le premier gradin.

Avons-nous déroulé le fil de nos discours
Entre la porte d'or et la porte de corne.
Avons-nous déroulé l'écheveau de nos jours

Entre le premier terme et la dernière borne.

Avons-nous déroulé tout le long des sentiers
Le long défilement des soins de chaque jour.
Avons-nous apporté vers un unique amour
Des cœurs incirconcis et des êtres entiers.

Avons-nous déroulé dans les grandes allées
Le large déploiement des vœux de chaque jour.
Avons-nous concentré sur un unique amour
Le long recensement des peines revélées.

Avons-nous apporté dans un noble séjour
Le long recordements des amours et des haines.
Avons-nous fait monter sur la plus haute tour
Le vaste isolement des oublis et des peines.

Avons-nous déposé sous les pieds les plus chers
L'écheveau démêlé d'un immense concours.
Avons-nous apporté notre faible secours
Et notre aide débile à des plus pauvres clercs.

Sommes-nous revenus par un noble détour
Vers le retournement de nos jeunes années.
Pourrons-nous remonter par un dernier retour
Jusqu'au recouvrement de nos jeunes journées.

Avons-nous apporté vers un dernier séjour
Le long recolement de nos jours de jeunesse.
Avons-nous fait monter sur la plus haute tour
Le vaste isolement de nos jours de détresse.

Avons-nous déroulé le fil de nos terreurs
Entre le tribunal et le pied de la croix.
Avons-nous replié le fil de nos erreurs
Pour en désentraver les pieds du roi des rois.

Avons-nous déroulé le fil de nos amours

Entre le *Voici l'homme* et l'interrogatoire.
Avons-nous déroulé sur le seuil du prétoire
Comme un manteau d'argent le manteau de nos jours.

Avons-nous déroulé le fil de nos discours
Entre le fils de l'homme et le procurateur.
Avons-nous étendu le manteau de nos jours
Des pieds du blasphémé jusqu'au blasphémateur.

Avons-nous déroulé le fil de nos amours
Comme un écheveau d'or aux pieds du fils de l'homme.
Avons-nous déroulé le manteau de nos jours
Entre le roi des Juifs et le préfet de Rome.

Avons-nous déroulé le manteau de nos peines,
Plus profond, plus épais qu'un écheveau d'amour.
Avons-nous délivré du réseau de nos haines
Les pieds immaculés du roi du dernier jour.

Avons-nous déroulé ces toisons et ces laines,
Plus moites de regrets qu'un écheveau d'amour.
Avons-nous libéré du fatras de nos haines
Les pieds silencieux du roi du dernier jour.

Avons-nous déposé l'escabeau de nos fronts
Sous les pieds les plus chers et les plus malheureux.
Avons-nous étendu le manteau de nos vœux
Entre une face auguste et les derniers affronts.

Avons-nous étendu le manteau de nos peines
Sur l'usure et les trous d'une pauvre tunique.
Avons-nous replié le tissu de nos haines
Pour en désentraver les pieds du fils unique.

Avons-nous incliné le fronton de nos têtes
Pour servir d'escabeau sous les pieds les plus chers.
Avons-nous déroulé le manteau de nos fêtes
Pour en vêtir le pauvre en plein cœur des hivers.

Avons-nous déposé l'escabeau de nos fronts
Sous les pieds les plus chers et les plus malheureux.
Avons-nous essuyé des larmes de nos yeux
La poussière et la boue et les derniers affronts.

Avons-nous incliné l'escabeau de nos têtes
Sous les pieds les plus chers et les plus révérés.
Avons-nous revêtu du manteau de nos fêtes
Le pauvre le plus pauvre entre le plus sacrés.

Avons-nous déposé l'escabeau de nos fronts
Sous les pieds les plus chers et sous les plus sanglants.
Avons-nous essuyé des linges les plus blancs
La marque du baiser et des derniers affronts.

Avons-nous soutenu des genoux chancelants.
Les avons-nous baisés jusqu'au seuil des tombeaux.
Avons-nous soutenu les pas les plus tremblants
Et les pas les plus chers et les pas les plus beaux.

Avons-nous étendu sous des pas chancelants
Les paumes de nos mains comme des escabeaux.
Avons-nous essuyé des linges les plus blancs
Les pieds les plus souillés et les pieds les plus beaux.

Avons-nous étendu la manteau de tendresse
Sous les pieds les plus purs et sous les plus meurtris.
Avons-nous replié le tissu de paresse
Pour en désentraver les pieds de ces proscrits.

Avons-nous étendu le manteau de noblesse
Sous les pieds les plus neufs et sous les plus flétris.
Avons-nous replié le tissu de sagesse
Pour en désentraver ces pieds endoloris.

Avons-nous effeuillé la lavande et le thym
Sous les pieds les plus purs et sous les plus aimés.

Avons-nous déployé le silence latin
Sous les pieds les plus doux et les plus embaumés.

Avons-nous étendu comme un manteau de fleurs
Nos oraisons, nos vœux et nos recueillements.
Avons-nous étendu le rideau de nos pleurs
Entre le fils de l'homme et nos délaissements.

Avons-nous délavé du ruisseau de nos larmes
Ces pieds percés de clous et ces membres sanglants.
Avons-nous exposé nos reins, nos dos, nos flancs
Entre le fils de l'homme et ses quatre gendarmes.

Avons-nous essuyé de nos mouchoirs de poche
Ces yeux perdus de larme et ce front ruisselant.
Avons-nous essuyé du linge le plus blanc
Notre plus proche frère et notre ami plus proche.

Avons-nous essuyé des nappes de nos tables
Ce corps incorruptible et ce corps pantelant.
Avons-nous essuyé du linge le plus blanc
Le maître de nos rois et de nos connétables.

Avons-nous recueilli dans un dernier linceul
Ce corps incorrompu, ces membres déliés.
Avons-nous pas laissé mélancolique et seul
Ce grand corps détendu, ces jarrets dépliés.

Avons-nous recueilli dans un dernier suaire
Ce long corps dépendu, ces membres oubliés.
Avons-nous recueilli dans un drap mortuaire
Ces membres confondus, ces secrets publiés.

Avons-nous introduit la force de nos bras
Entre le dos saignant et la lourde matraque.
Valons-nous ces valets, ces varlets gros et gras
Qui gardaient leur seigneur au fond d'une baraque.

Ces deux beaux animaux retenaient leur haleine,
Tremblant de réveiller l'enfant expiatoire.
Et les touffes de buis semé de marjolaine
Achevaient d'embaumer ce premier oratoire.

Et ces deux hommes d'arme et ces vrais Bourguignons
Autour du fils de Dieu montaient une humble garde.
Et notre intermittence aidant notre mégarde,
Nous laissâmes l'enfant à ces deux gros Gascons.

Et ces deux gros dodus et ces deux bons apôtres
Auprès du divin maître avaient pris leur service.
Et ces bourgeois cossus et ces mangeurs d'épeautres
Auprès du Grand-Dauphin poursuivaient leur office.

Ainsi l'enfant dormait sous ce double museau,
Comme un prince du sang gardé par des nourrices.
Et ses amusements et ses jeunes caprices
Reposaient dans le creux de ce pauvre berceau.

L'âne ne savait pas par quel chemin de palmes
Un jour il porterait jusqu'en Jérusalem
Dans la foule à genoux et dans des matins calmes
L'enfant alors éclos aux murs de Bethléem.

Ainsi l'enfant dormait dans son premier matin.
Il allait commencer quelle immense journée.
La robe du soleil, un instant détournée,
Lui versait le reflet d'un manteau de satin.

Ainsi l'enfant dormait dans son premier matin.
Il allait commencer Dieu sait quelle journée.
Il allait commencer une éternelle année.
Il allait commencer quel immense destin.

Ainsi l'enfant dormait dans son premier destin.
Il allait commencer quelle immense fortune.
Ainsi l'enfant dormait dans sa blonde infortune.

Il allait commencer quel immense festin.

Ainsi l'enfant dormait dans cette pénurie.
Il allait commencer quelle immense fortune.
Ainsi l'enfant dormait à côté de Marie.
Elle allait commencer quelle immense infortune.

Ainsi l'enfant dormait dans sa première aurore.
Il allait commencer quelle immense saison.
Ainsi l'enfant dormait et reposait encore
Avant de commencer quelle immense maison.

Ainsi l'enfant dormait dans son jour et son aube.
Il allait commencer le cercle de quel temps.
Il allait commencer quel immense printemps.
Comme un torrent gonflé qui pèse sur une aube,

La grâce allait peser sur le monde romain.
Et l'enfant endormi dans son jour et son aube,
Comme un prêtre vêtu de l'étole et de l'aube,
Allait appareiller pour quel nouveau chemin.

La grâce allait peser sur l'appareil humain.
Et l'enfant qui dormait aux prémisses de l'aube,
Comme un prêtre vêtu de l'étole et de l'aube,
Allait inaugurer quel appareil romain.

Ainsi l'enfant dormait aux roses de l'aurore.
Il allait commencer quelle innombrable année.
Il allait commencer quelle énorme journée.
Il allait commencer quel appareil encore.

Ainsi l'enfant dormait dans le règne herbivore.
Et la belle et la bête autour de lui veillaient.
Ainsi l'enfant dormait dans la faune et la flore
Et la belle et la bête autour de lui priaient.

Ainsi l'enfant dormait au royaume herbivore

Avant de commencer quelle immense pâture.
Ainsi l'enfant dormait dans la faune et la flore.
Avant de commencer quelle immense nature.

Ainsi l'enfant dormait dans le règne herbivore.
Et la fleur et la bête autour de lui veillaient.
Et l'enfant reposait dans la faune et la flore.
Et la fleur et la bête autour de lui priaient.

Et ces deux bienveillants autour de lui veillaient.
Il allait commencer quelle immense veillée.
Et ces deux surveillants autour de lui priaient.
Il allait acquitter quelle dette impayée.

Il allait acquitter quelle innombrable dette.
Il allait enrayer l'effroyable dépense.
Il allait apporter quelle énorme recette
Dans le plateau perdu de la double balance.

Il allait regagner l'énorme récompense.
Il allait commencer l'énorme sauvetage.
Il allait nous ravoir notre énorme héritage.
Et nous faire lever l'éternelle suspense.

Il allait nous sauver dans ce commun péril.
Il allait commencer quel immense partage.
Il allait nous gagner quel immense avantage.
Il allait commencer quel éternel avril.

Ainsi l'enfant dormait comme un être créé.
Il allait commencer quelle création.
Il plaisait, il était comme un fils agréé.
Venus nous proposer quelle imitation.

Cette nacelle était comme un bateau gréé.
Nous embarquerons-nous sur cette frêle barque.
Accompagnerons-nous notre premier monarque,
Notre amiral des mers sur son bateau paré.

Ainsi l'enfant dormait dans son premier sommeil.
Il allait commencer quelle sollicitude.
Ainsi l'enfant dormait dans sa béatitude.
Il allait commencer quel immense réveil.

Ainsi l'enfant dormait dans son premier silence.
Il allait commencer quelle immense parole.
Ainsi l'enfant dormait dans sa jeune indolence.
Il allait commencer quelle éternelle école.

Ainsi l'enfant dormait dans son premier berceau.
Il allait commencer quelle vicissitude.
Ainsi l'enfant dormait dans cette solitude
Avant de gouverner quel immense troupeau.

Ainsi l'enfant dormait sous ce premier cerceau.
Il allait commencer quelle arche d'alliance.
Ainsi l'enfant dormait sous ce premier arceau.
Il allait commencer quelle énorme audience.

Et quelle servitude et quelle obédience,
La seule qui soit libre et qui soit gracieuse.
La seule qui soit serve et qui soit précieuse.
La seule qui soit ferme et fasse obéissance.

Et quelle exactitude et quelle obéissance,
La seule qui soit libre et parle à cœur ouvert ;
La seule qui soit serve et parle à découvert ;
La seule qui soit ferme et fasse obédience.

Ainsi l'enfant dormait dans ce premier vaisseau.
Il allait commencer quelle innombrable nef.
Il allait devenir l'impérissable chef.
Il allait apposer l'impérissable sceau.

Ainsi l'enfant dormait dans son premier repos.
Il allait commencer quel immense travail.

Ainsi l'enfant dormait dans son premier bercail.
Il allait commencer quel immense propos.

Ainsi l'enfant dormait au fond du premier somme.
Il allait commencer l'immense événement.
Il allait commencer l'immense avènement.
L'avènement de l'ordre et du salut dans l'homme.

Perdu, l'enfant dormait dans le fond de son somme.
Il allait commencer le grand gouvernement.
Il allait commencer le grand avènement,
L'avènement de Dieu dans le cœur de tout homme.

Perdu, l'enfant dormait au fond du premier somme.
Il allait commencer le grand ébranlement.
Il allait commencer le nouveau règlement.
Il allait commencer le cœur du nouvel homme.

Perdu, l'enfant dormait au fin fond de son somme.
Il allait commencer le renouvellement,
Créer le nouveau Dieu dans ce redoublement,
Créer le Fils de l'Homme au cœur du nouvel homme.

Il allait commencer quelle innovation :
Créer le nouveau siècle et la nouvelle règle.
Il allait commencer quelle importation :
Dans les anciens labours créer le nouveau seigle.

Perdu, l'enfant dormait dans ce frêle vaisseau.
Il allait commencer le grand embarquement.
Car il allait lancer sur l'énorme Océan
L'impérissable nef, ce fragile berceau.

Perdu, l'enfant dormait dans son pauvre trousseau.
Il allait commencer le grand revêtement.
L'habillement du cœur et le contentement.
Et le dévêtement d'un siècle jouvenceau.

Perdu, l'enfant dormait dans se vaisseau de charge.
Il allait commencer le grand rechargement.
Le chargement de peine et le déchargement
De cette cargaison quand nous serons au large.

Comme dormait Moïse au bord du père Nil,
Ainsi l'enfant dormait dans son pauvre berceau.
Mais la fille du roi, dans ce commun péril,
N'était point accourue en jouant au cerceau.

Comme dormait Moïse au long du fleuve Nil,
Ainsi l'enfant perdu dormait dans son berceau.
Mais la fille du roi, qui jouait au cerceau,
N'était point accourue en ce commun péril.

Comme dormait Moïse au bord du premier Nil,
Ainsi l'enfant dormait sous ces pauvres arceaux.
Mais la fille du roi, qui jouait aux ciseaux,
N'était point accourue en ce premier péril.

Comme dormait Moïse au bord du large Nil,
Ainsi l'enfant dormait dans son pauvre trousseau.
Mais la fille du roi, qui jouait au boisseau,
N'était point accourue en ce vaste péril.

Comme dormait Moïse au gré du chaste Nil,
Ainsi l'enfant perdu dormait sous ces museaux.
Mais la fille du roi, qui jouait aux réseaux,
N'était point accourue en ce nouveau péril.

Comme dormait Moïse au fil de l'eau du Nil,
Ainsi l'enfant dormait sous ces deux damoiseaux.
Mais la fille du roi, qui chantait aux oiseaux,
N'était point accourue au bord de ce péril.

Comme dormait Moïse aux bercements du Nil,
Ainsi l'enfant dormait dans son lit de roseaux.
Mais la fille du roi, qui jouait aux fuseaux,

N'était point accourue en ce matin d'avril.

Comme l'enfant Moïse au bord du père Nil,
Ainsi l'enfant perdu dormait sous ces naseaux.
Mais la fille du roi, qui jouait aux pinceaux,
Ne saisit point l'enfant d'un geste puéril.

Comme l'enfant Moïse aux confluents du Nil,
Ainsi l'enfant dormait sous cet âne rousseau.
Mais la jeune princesse en ce lointain exil
N'était point accourue au fil de son cerceau.

Ainsi l'enfant dormait dans son premier berceau.
Mais la jeune princesse aux bords d'un nouveau Nil
N'était point accourue à ce jeune babil
avec sa robe blanche et ses rubans ponceau.

Comme dormait Moïse au giron du vieux Nil,
Ainsi l'enfant dormait sous ces deux jouvenceaux.
Leurs têtes balançaient ainsi que panonceaux.
Leurs beaux yeux poursuivaient quelque rêve subtil.

Comme l'enfant Moïse aux sables de l'Égypte,
Comme l'enfant Moïse au milieu des roseaux.
Ainsi l'enfant dormait dans cette basse crypte,
Sous ces pauvres festons et ces pauvres rinceaux.

Ainsi le gouverneur et le fils premier-né,
Ainsi l'enfant perdu dormait dans sa nacelle.
Mais la jeune princesse avec sa demoiselle
D'honneur ne veilla point sur l'enfant nouveau-né.

Ainsi le gouverneur, ainsi le fils aîné,
Ainsi le pauvre enfant dormait dans sa nacelle.
Mais la jeune princesse avec sa demoiselle
D'honneur ne veilla point sur l'enfant destiné.

Et le nouveau bambin et le nouveau Moïse

Dormait dans le recueil des grâces dispensées.
Mais la fille du roi, la princesse Héloïse,
N'était point survenue au fil de ses pensées.

Comme dormait Moïse au rives de Memphis,
Ainsi l'enfant dormait aux rives d'Israël.
Ainsi le pauvre enfant, ainsi le divin fils
Dormait dans son berceau pour son premier Noël.

Comme dormait Moïse aux confins de Memphis,
Ainsi l'enfant dormait aux confins d'Israël.
Et du même sommeil dormait un nouveau fils
Dans un même berceau pour un nouveau Noël.

Comme dormait Moïse au pays de Memphis,
Ainsi l'enfant dormait au pays d'Israël.
Et cet autre Moïse et cet Emmanuel
Était comme un fragile et périssable fils.

Comme dormait Moïse aux temples de l'Égypte,
Ainsi l'enfant dormait au temple d'Israël.
Et ce sauveur venu dans un dernier Noël
Dormait dans cette basse et périssable crypte.

Comme dormait Moïse au secret de Memphis,
Ainsi l'enfant dormait au secret d'Israël.
Comme un nouveau Moïse ainsi ce jeune fils
Dormait dans le berceau de son jeune Noël.

Comme dormait Moïse en un frêle coffret,
Ainsi l'enfant dormait en un frêle Noël.
Il allait commencer quel immense regret.
Il allait commencer le regret d'Israël.

Ainsi l'enfant dormait dans sa première paix.
Il allait commencer quelle immense bataille.
Ainsi l'enfant dormait sous cette valetaille.
Il allait commencer quel immense procès.

Il allait commencer quelle magistrature.
Devant quel tribunal et sous quel magistrat.
Il allait commencer quelle raison d'État.
Il allait commencer quelle immense aventure.

Il allait commencer quelle mésaventure.
Il allait commencer quelle immense prudence.
Il allait commencer quelle jurisprudence.
Il allait inventer quelle bonaventure.

Il allait commencer quelle immense gageure.
Il allait commencer quel immense débat.
Il allait engager quel éternel combat.
Il allait endosser quel immense parjure.

Il allait encaisser quelle innombrable injure.
Il allait encaisser quels mauvais compliments.
Il allait essuyer les mauvais boniments
Et les effets de bras de l'homme qui conjure.

Il allait essuyer l'immense reniement
De l'homme qui blasphème et de l'homme qui jure.
Il allait écouter le sot balbutiement
Et le sot bégaiement par qui tout homme abjure.

Ainsi l'enfant dormait dans son premier oubli.
Il allait commencer quelle immense mémoire.
Il allait commencer quelle éternelle histoire,
L'histoire de tout homme en terre enseveli.

Comme dormait Moïse au bord du fil de l'eau,
Ainsi l'enfant dormait dans l'ombre enseveli.
Et déjà le bois d'orme et le bois de bouleau
Et le bois de sapin formaient son premier lit.

Ainsi l'enfant dormait sans un mot, sans un pli.
Il allait commencer l'énorme inscription.

Il allait essayer l'énorme exception,
Le long resurgement de l'homme enseveli.

Il allait supporter quelle innombrable mort.
Il allait demander quelle rémission.
Il allait opérer quelle rédemption.
Il allait affronter quel innombrable sort.

Il allait défier l'impérissable mort.
Il allait exiger quelle soumission.
Il allait demander quelle contrition.
Il allait embrasser l'insaisissable sort.

Il allait aborder l'inabordable port.
Il allait commencer l'éternelle présence.
Il allait s'évader d'une éternelle absence.
Il allait emporter l'inébranlable fort.

Il allait refonder l'impérissable Rome.
Il allait refouler quelle perdition.
Il allait demander quelle démission,
Et quel désistement dans la terre et dans l'homme.

Il allait assurer l'inébranlable Rome.
Il allait gouverner l'énorme nation.
Il allait provoquer quelle démission,
Et quel gouvernement dans le cœur de tout homme.

Il allait assumer l'héritage de Rome.
Il allait couronner quelle incarnation.
Il allait décréter quelle démission,
Et quel désistement dans le cœur de tout homme.

Il allait hériter des provinces de Rome.
Il allait affirmer sa domination.
Il allait confirmer quelle démission,
Et quel retranchement dans le cœur de tout homme.

Il allait hériter de la ville de Rome.
Il allait diluer quelle obstination.
Il allait postuler quelle démission,
Et quel arrachement dans le cœur de tout homme.

Il allait hériter de la terre et de Rome
Et de la mer violette et de l'âpre Sion.
Il allait invoquer quelle démission,
Et quel arrachement dans le cœur de tout homme.

Il allait hériter de l'empire et de Rome.
Il allait endurer quel mauvais traitement.
Il allait revêtir quel pauvre vêtement :
Il allait hériter de la terre et de l'homme.

Il allait hériter de l'antique trirème
Et des blés de Sicile et du droit de cité.
Et du Tibre latin et du pouvoir suprême.
Et des peuples couchés sous la nécessité.

Il allait hériter de Rome capitale
Et de la mer latine et des longues erreurs.
Il allait hériter des antiques terreurs
Et des retournements dans la terre natale.

Il allait hériter du monde occidental,
De celui qui se lève aux colonnes d'Hercule.
Il allait hériter d'un foudre ridicule,
Et des débarquements d'un monde oriental.

Il allait hériter du monde occidental,
De celui qui commence où finissait le monde.
Il allait hériter de la vague profonde
Et des refoulements du monde oriental.

Il allait hériter du monde occidental,
Des cheveux des varechs et des verts goémons.
Il allait aveugler par ces nouveaux limons

Les infiltrations du monde oriental.

Il allait hériter du monde occidental,
Et des pulsations de l'énorme océan.
Il allait annuler par cet autre néant
L'anéantissement du monde oriental.

Il allait hériter du monde occidental,
D'une vague plus lourde et d'une mer verdâtre.
Il allait consigner dans ses temples d'albâtre,
L'évanouissement du monde oriental.

Il allait hériter du monde occidental,
D'une mer transparente ensemble que profonde.
Il allait enfoncer sous les plis de cette onde
Et sous cet océan le monde oriental.

Il allait hériter du monde occidental,
D'une mer frauduleuse ensemble que profonde.
Il allait submerger sous les plis de cette onde
Et de cet océan le monde oriental.

Il allait hériter du monde occidental,
Et des cheveux de l'algue et des longs cheveux verts,
Et des plis de la vague et des chemins ouverts
Loin du gouvernement du monde oriental.

Il allait hériter du monde occidental,
Des cheveux submergés et des longs cheveux blonds.
Et des bateaux poussés par d'autres aquilons
Hors du gouvernement du monde oriental.

Il allait hériter du monde occidental,
Et des plis de la vague et des plis du destin.
Et des peuples jaillis pour un nouveau festin
Loin des prostrations du monde oriental.

Il allait hériter du monde occidental,

D’un homme moins nerveux et d’Océans plus mornes,
D’un homme moins heureux inventé hors des bornes
Et des amusements du monde oriental.

Il allait hériter du monde occidental,
Des abîmes creusés au pied des promontoires,
Des peuples nouveau-nés jaillis loin des histoires
Et des éternité du monde oriental.

Il allait hériter d’une vague profonde
Et des écroulements et d’une mer plus glauque
Et des écrasements et d’une voix plus rauque
Et des effondrements d’un gigantesque monde.

Il allait hériter du monde occidental,
Et des barques de pêche et des vaisseaux de charge.
Il allait engloutir sous une mer plus large
Les circonspections du monde oriental.

Il allait hériter d’un royaume tendu
Comme un ballon gonflé de l’un à l’autre pôles.
Il allait hériter du palais et des geôles
Et d’un gouvernement actif et détendu.

Il allait hériter du monde occidental,
Des horizons perdu au loin des promontoires,
Et des peuples perdus au large des histoires
Et des antiquités du monde oriental.

Il allait hériter d’un royaume nouveau
Tendu de bout en bout comme une vaste tente.
Il allait hériter d’une éternelle attente.
Il allait rejaillir de l’antique caveau.

Il allait hériter d’un royaume géant.
Il allait hériter d’un monde gigantesque.
Il allait hériter de cet autre néant
Gardé par des bourreaux et de la soldatesque.

Il allait hériter de ce gouffre béant,
La destination de la terre et de l'homme.
Il allait hériter de ce couple géant,
La domination du barbare et de Rome.

Il allait hériter du monde temporel,
D'une création épaisse et gouvernée.
Il allait hériter du monde corporel,
D'une création pauvresse et prosternée.

Il allait hériter des rondes basiliques
Et du palais des rois et de pauvres cabanes.
Il allait hériter des grandes républiques
Et des peuples sacrés et des peuples profanes.

Il allait hériter de ce monde charnel,
D'une création épaisse et condensée.
Il allait hériter du monde originel,
D'une création antique et entassée.

Il allait hériter des plus vastes royaumes
Et des préfets perdus dans les gouvernements.
Il allait hériter des plus modestes chaumes
Et des peuples courbés dans les prosternements.

Il allait hériter des couronnes murales,
Des fossés, des créneaux et des retranchements.
Il allait ériger les hautes cathédrales
Sur le mouvant débris de nos arrachements.

Il allait hériter des chambres sépulcrales.
Il allait hériter de la herse et des tours.
Il allait ériger les hautes cathédrales
Sur le mouvant débris des plus fermes amours.

Il allait hériter des listes cadastrales.
Il allait hériter des plus fermes amours.

Il allait ériger les hautes cathédrales
Sur le mouvant débris du déclin de nos jours.

Il allait hériter des listes cadastrales,
De la borne et du champs que nous tenons toujours.
Et des propriétés qui règnent dans les bourgs
Jusque sur le parvis des saintes cathédrales.

Il allait hériter des listes cadastrales,
Des champs que nous coupon et que nous recoupons,
Des prés que nous taillons et que nous retaillons
Jusque sur le parvis des saintes cathédrales.

Il allait hériter des listes cadastrales,
Des bois que nous payons et que nous découpons,
Des lots que nous marquons et que nous démarquons
Jusque sur le parvis des saintes cathédrales.

Il allait hériter des listes cadastrales,
Des murs que nous dressons et que nous abattons,
Des parts que nous taillons et que nous retaillons
Jusque sur le parvis des saintes cathédrales.

Il allait hériter des listes cadastrales,
Des droits que nous coupons et que nous découpons,
Et des propriétés qu'à force nous poussons
Jusque sur le parvis des saintes cathédrales.

Il allait hériter des listes cadastrales,
Des lois que nous coupons et que nous recoupons,
Et des pénalités qu'à force nous poussons
Jusque sur le parvis des saintes cathédrales.

Il allait hériter des listes cadastrales,
Des rois que nous marquons et que nous démarquons,
Et des hérédités qu'à force nous poussons
Jusque sur le parvis des saintes cathédrales.

Il allait hériter du duché d'Aquitaine.
Il allait hériter de notre pauvre amour.
Il allait devenir le plus grand capitaine.
Et le plus besogneux des barons d'alentour.

Il allait hériter des listes cadastrales,
Des rois que nous posons et que nous déposons,
Des légitimités que nous acheminons
Jusque sur le parvis des saintes cathédrales.

Il allait hériter des listes cadastrales,
Des saints que nous chômons et que nous oublions,
Et des crédulités qu'à force nous poussons
Jusque sur le parvis des saintes cathédrales.

Il allait hériter des listes cadastrales,
Des morts que nous aimons et que nous enterrons,
Et des fidélités qu'à force nous poussons
Jusque sur le parvis des saintes cathédrales.

Il allait hériter des listes cadastrales,
Des chœurs que nous chantons et que nous déchantons,
Et des docilités qu'à force nous poussons
Jusque sur le parvis des saintes cathédrales.

Il allait hériter des listes cadastrales,
Des mœurs que nous gardons et que nous désertons,
Et des moralités qu'à force nous poussons
Jusque sur le parvis des saintes cathédrales.

Il allait hériter des listes cadastrales,
Des cœurs les plus aimés que nous avons perdus,
Des êtres les plus chers, que nous avons rendus
Au maître incontesté des hautes cathédrales.

Il allait hériter des listes cadastrales,
De mœurs que nous réglons et que nous déréglons.
Et des infirmités que nous acheminons

Jusque sur le parvis des saintes cathédrales.

Il allait hériter des listes cadastrales,
De limitations qui font tant de détours,
Et des cheminements de nos pauvres amours
Jusque sur le parvis des saintes cathédrales.

Il allait hériter des listes cadastrales,
Et des discernements de nos maigres labours,
Et des recreusements de nos pauvres amours
Jusque sous le parvis des saintes cathédrales.

Il allait hériter des listes cadastrales,
Et des recoupements de nos maigres labours,
Et des recensements de nos pauvres amours
Jusque sous le parvis des saintes cathédrales.

Il allait hériter des listes cadastrales,
Et du délabrement de nos pauvres dieux termes.
Il allait hériter des amours les plus fermes
Et les plus prosternés au seuil des cathédrales.

Il allait hériter des listes cadastrales,
De nos pauvres chemins qui font tant de détours
Et qui se perdent tant dans leur tours et retours
Avant de revenir au seuil des cathédrales.

Il allait hériter des listes cadastrales
Des fils de nos sentiers qui font tant de détours
Et qui s'égarent tant parmi les alentours
Avant de remonter au seuil des cathédrales.

Il allait hériter des listes cadastrales,
De nos sentiers perdus qui s'en vont dans les vignes
Et dans ces beaux vallons dont nous sommes indignes
Avant de retomber au seuil des cathédrales.

Il allait hériter des listes cadastrales,

De nos maigres chemins qui s'en vont dans les pierres
Et qui flânent le long des roseaux des rivières
Avant de retourner au seuil des cathédrales.

Il allait hériter des listes cadastrales,
Des sentiers de Saint-Marc et de Saint-Jean-de-Braye,
Qui s'en vont dans la ronce et parmi l'oseraie
Avant de retomber au pied des cathédrales.

Il allait hériter des listes cadastrales,
De nos chemins véreux qui se perdent toujours
Et qui vont se nouer sur les places des bourgs
Avant de s'effiler au pied des cathédrales.

Il allait hériter des listes cadastrales,
De nos chemins pierreux qui se perdent toujours,
Et qui vont s'égarer au fond des vieux faubourgs
Avant de disparaître au pied des cathédrales.

Il allait hériter des listes cadastrales,
Qui nous font rois d'un jour dans un pauvre village.
Et maîtres d'un sentier dans un pauvre bailliage.
Et maîtres d'une chaise aux chœurs des cathédrales.

Il allait hériter des listes cadastrales,
Qui nous font rois d'un jour dans un quartier de terre,
Et maîtres de marcher dans un sentier de pierre,
Et maîtres de dormir aux pieds des cathédrales.

Il allait hériter des listes cadastrales,
Des enregistrements de nos quartiers de terre,
Des délinéaments de nos sentiers de pierre,
De nos prosternements au pied des cathédrales.

Il allait hériter des listes cadastrales,
Et des abornements de nos pauvres vertus,
Des destitutions de nos pauvres statuts,
De nos processions au pied des cathédrales.

Il allait hériter des listes cadastrales,
Des grands que nous craignons et que nous harcelons,
Des biens que nous gagnons et que nous morcelons,
Des morts que nous couchons au pied des cathédrales.

Il allait hériter des listes cadastrales,
Des départagements de nos parts de misère
Et des lotissements de nos lots de poussière
Et de nos lots d'orgueil au pied des cathédrales.

Il allait hériter des listes cadastrales,
Des enregistrements de nos propriétés,
Des consécrations de nos humilités,
De nos retournements au pied des cathédrales.

Il allait hériter des listes cadastrales
Qui nous font rois d'un jour dans un pauvre canton
Et maîtres d'avancer un double phaéton
Et maîtres d'une tombe au pied des cathédrales.

Il allait hériter des listes cadastrales
Qui nous font rois d'un jour dans un dernier naufrage
Et maîtres d'un cocher et d'un pauvre équipage,
Et maîtres d'une croix au pied des cathédrales.

Il allait hériter des listes cadastrales
Qui nous font redoutés dans un pauvre canton,
Et maîtres de l'honneur et du qu'en dira-t-on,
Et maîtres de pourrir au pied des cathédrales.

Il allait hériter des listes cadastrales,
De nos sentiers perdus qui vont dans les lilas
Et que nous parcourons solitaires et las
Avant de retomber au pied des cathédrales.

Il allait hériter des listes cadastrales,
De nos chemins perdus parmi les routes neuves

Et qui flânent perdus dans les osiers des fleuves
Avant de remonter au pied des cathédrales.

Il allait hériter des listes cadastrales,
De nos chemins perdus qui vont le long des treilles
Dans le bourdonnement des mouvantes abeilles
Avant de retourner au pied des cathédrales.

Il allait hériter des listes cadastrales,
De nos chemins perdus qui vont dans les venelles
Et parmi les jets d'eau et parmi les tonnelles
Avant de retomber au pied des cathédrales.

Il allait hériter des listes cadastrales,
Et du répartement du peu que nous avons,
Et de l'encombrement du peu que nous savons,
Et des alignements des chambres sépulcrales.

Il allait hériter des listes cadastrales,
De nos chemins perdus qui vont dans les fraisiers
Et parmi la glycine et le long des rosiers
Avant de comparaître au pied des cathédrales.

Il allait hériter des listes cadastrales,
Et du gouvernement de ce rien que nous sommes,
Et des biens de la terre et de nous autres hommes,
Et du vieux baptistère et des ondes lustrales.

Il allait hériter des listes cadastrales
Qui nous font les premiers dans un pauvre village
Et qui nous font seigneurs sur tout le voisinage
Et même sur les bancs des chœurs des cathédrales.

Il allait démêler aux souches cadastrales
L'écheveau des contours de nos propriétés,
Le réseau des retours de nos hérédités,
Les droits que nous avons aux chambres sépulcrales.

Il allait retrouver aux souches cadastrales
Nos titres d'origine et de propriétés,
Nos titres de naissance et notre hérédité,
Les parts que nous avons aux chambres sépulcrales.

Il allait retrouver aux souches cadastrales
Nos titres de créance et de fidélité,
Nos titres de finance et de finalité,
Les lots que nous avons aux chambres sépulcrales.

Il allait retrouver aux souches cadastrales
Nos titres de roture et de légalité,
Nos titres de noblesse et de fatalité,
Le droit que nous avons aux chambres sépulcrales.

Les pas des légions allaient marcher pour lui.
Les voiles des bateaux pour lui s'étaient gonflées.
Pour lui les grands soleils d'automnes avaient lui.
Les voiles des bateaux pour lui s'étaient pliées.

Rome avait fait marcher les lourds légionnaires
Et le lourd bouclier et le glaive pour lui,
Et la lourde tortue. Et les durs mercenaires
Devant Rome et César et le glaive avaient fui.

C'est lui qui marchait derrière le Romain,
Derrière le préfet, derrière la cohorte.
C'est lui qui passait par cette haute porte.
Il était le seigneur d'hier et de demain.

Et le pas d'Annibal avaient marché pour lui
Du fin fond des déserts vers la porte Colline.
Jusqu'au fond des frimas les Parthes avaient fui
Sous le redoublement de la force latine.

Les éléphants d'Afrique avaient marché pour lui
Du fin fond des déserts jusqu'aux portes de Rome.
Et pour lui les soleils d'Israël avaient lui,

Du haut du Sinaï jusqu'au fin fond de l'homme.

Il allait hériter des naufrages de Rome,
Du monde divisé dans des morcellements.
Il allait hériter des naufrages de l'homme,
Du cœur subdivisé par amoncellements.

Il allait hériter des partages de Rome,
D'un empire brisé par des morcellements.
Il allait hériter des partages de l'homme,
D'un royaume épuisé par des ruissellements.

Les éléphants massus avaient marché pour lui,
Et les princes captifs et les peuples liés.
Et pour lui les soleils d'Israël avaient lui
Le long du fil du temps sur des jours oubliés.

Il allait hériter de lourds légionnaires,
Tout harnachés de fer comme des cuirassiers.
Il allait hériter des maigres mercenaires,
Tout harnachés de cuir comme des carnassiers.

Il allait hériter des lourds légionnaires,
Tout en muscles de fer comme des cuirassiers.
Il allait hériter des maigres mercenaires,
Tout en paquets de nerfs comme des carnassiers.

Il allait hériter des lourds légionnaires
Gainés dans des étuis comme des scarabées.
Il allait hériter des martyrs Macchabées.
Il allait hériter des maigres mercenaires.

Il allait hériter des peuples débonnaires
Et des peuples cruels et du peuple romain.
Il allait hériter des antiques tonnerres,
Des foudres oubliés sur le bord du chemin.

Il allait hériter des peuples centenaires,

Des peuples nouveau-nés et du peuple romain.
Il allait hériter des foudres séculaires,
Et des étonnements laissés sur le chemin.

Il allait hériter des princes débonnaires
Et des princes cruels et du peuple monarque.
Il allait hériter des princes sanguinaires
Et des peuples humains et d'Hérode tétrarque.

Il allait hériter des peuples diplomates.
Et des consternements d'un peuple sénateur.
Il allait hériter des peuples démocrates.
Et des prosternements d'un peuple donateur.

Il allait hériter des forêts séculaires
Et des déboisements laissés sur le chemin.
Il allait hériter des chênes centenaires
Et des abattements et du peuple romain.

Il allait hériter des lourds légionnaires
Tout lamellés de fer comme des scarabées.
Il allait hériter des géants Macchabées.
Il allait hériter des maigres mercenaires.

Il allait hériter des lourds légionnaires
Bardés, plaqués, lamés comme des cuirassiers.
Il allait hériter des maigres mercenaires
Battus, creusés, tendus comme des carnassiers.

Il allait hériter des lourds légionnaires
Tout bardés de métal comme de grands carabes,
Il allait hériter des cavaliers arabes.
Il allait hériter des maigres mercenaires.

Il allait hériter des lourds légionnaires
Trapus, musclés, barbus comme des cuirassiers.
Il allait hériter des maigres mercenaires
Tout tendus de tendons comme des carnassiers.

Il allait hériter des lourds légionnaires
Sanglés dans la rudesse et la force romaine.
Il allait hériter des maigres mercenaires
Noueux et ravinés comme une écorce humaine.

Et les peuples de Rome et les légionnaires
Étaient comme des chiens rompus à toute garde.
Et les hordes d'Afrique à la face hagarde
Étaient comme des loups maigres et mercenaires.

Et les peuples de Rome et les légionnaires
Sous les centurions étaient d'énormes dogues.
Et les loups de Carthage impérieux et rogues
Sous les négociants demeuraient mercenaires.

Et les hordes d'Afrique et les durs mercenaires
Se payaient d'or, d'argent, de sang et de fureur.
Et les peuples de Rome et les légionnaires
Se payaient d'avoir fait un immense empereur.

Et ces peuples brûlés et tous ces marchands d'homme
Se payaient d'avoir fait un monde mercenaire.
Mais les peuples civils et les hommes de Rome
Se payaient d'avoir fait un monde centenaire.

Et ces peuples payés, ces maigres mercenaires
Se payaient d'or, d'argent, de sang et de luxure.
Mais ces peuples profonds, les lourds légionnaires
Se payaient d'avoir fait une immense nature.

Et ces peuples véreux, les maigres mercenaires
Se payaient d'or, d'argent, de luxe et de bavure.
Mais ces peuples terreux, les lourds légionnaires
Se payaient d'avoir fait une immense armature.

Ces peuples ramassés, ces brûlants mercenaires
Étaient comme des loups maigres et décharnés.

Ces peuples assemblés, ces lourds légionnaires
Étaient des chiens de garde ardents et acharnés.

Et ces peuples crevés, ces âcres mercenaires
Se payaient d'or, d'argent, de crimes et d'ordure.
Mais ces peuples sevrés, les grands légionnaires
Se payaient d'avoir fait une magistrature.

Les Romains préposés à la garde du monde
Étaient assis en rond devant les triples portes.
Et l'univers était une immense rotonde
Sous le gouvernement de deux mille cohortes.

Et les peuples payés en outre se frayaient
Une route de sang effroyable et profonde.
Mais les soldats romains en outre se payaient
Par le gouvernement de l'empire du monde.

Et les peuples payés en outre se frayaient
Une route d'horreur solennelle et profonde.
Mais les soldats romains en outre se payaient
Par le gouvernement de tout l'orbe du monde.

Il allait hériter des peuples mercantiles
Et du peuple nomade et des peuples marchands.
Il allait hériter des comptoirs et des champs
Et des peuples déserts et des races fertiles.

Il allait hériter des peuples inactifs
Et des peuples bourreaux et du peuple martyr.
Il allait hériter de Sidon et de Tyr.
Il allait hériter des Romains et des Juifs.

Il allait hériter des frondeurs baléares,
Du bouclier gaulois et du glaive romain.
Il allait hériter des héritiers barbares.
Il allait hériter de l'héritier latin.

Il allait hériter des cavaliers numides
Et d'Assourbanipal et de Masinissa.
Il allait hériter du rude Micipsa.
Il allait hériter des hautes Pyramides.

Et les pas d'Alexandre avaient marché pour lui
De son jeune berceau jusqu'à sa jeune mort.
Il était le seigneur de l'un et l'autre port.
Il était le seigneur d'hier et d'aujourd'hui.

Et les pas d'Hérodote avaient marché pour lui.
Il était le seigneur de l'un et l'autre sort.
Il était le seigneur de l'une et l'autre mort.
Il était le seigneur d'hier et d'aujourd'hui.

Les pas même d'Hercule avaient marché pour lui.
Il était le seigneur de l'Averne et de Lerne,
Et de la monstrueuse et sanglante caverne,
Il était le seigneur d'hier et d'aujourd'hui.

Et les pas de Thésée avaient marché pour lui.
C'est lui qu'on attendait dans les pâles enfers.
C'est lui qu'on attendait dans l'immense univers.
Il était le seigneur d'hier et d'aujourd'hui.

Les pas de Darius avaient marché pour lui.
C'est lui qu'on attendait au fin fond de la Perse.
C'est lui qu'on attendait dans une âme disperse.
Il était le seigneur d'hier et d'aujourd'hui.

Et l'Asie et l'Europe avaient marché pour lui.
Il était le seigneur de l'un et l'autre bord.
Il était le preneur de l'un et l'autre fort
Et seul Poliorcète hier et aujourd'hui.

Les pas de la phalange avaient marché pour lui,
Du fin fond de la Thrace aux portes de la Chine.
Pour lui les vieux sapins avaient courbé l'échine.

Pour lui les vents d'hiver et d'automne avaient fui.

Et les pas de César avaient marché pour lui,
Du fin fond de la Gaule aux rives de Memphis.
Tout homme aboutissait aux pieds du divin fils.
Et il était venu comme un voleur de nuit.

Et les pas d'Alexandre avaient marché pour lui
Du palais paternel aux rives de l'Euphrate.
Et le dernier soleil pour lui seul avait lui
Sur la mort d'Aristote et la mort de Socrate.

Et les voleurs de jour et les voleurs de nuit
Ensemble aboutissaient à ce pauvre berceau.
Et les gloires d'hier et celles d'aujourd'hui
Ensemble aboutissaient à ce frêle vaisseau.

Et les voleurs de jour et les voleurs de nuit
Ensemble aboutissaient à ce pauvre trousseau.
Et les routes d'hier et celles d'aujourd'hui
Ensemble aboutissaient à ce pauvre hameau.

Et les voleurs de jour et les voleurs de nuit
Ensemble aboutissaient à cet humble tréteau.
Et les villes d'hier et celles d'aujourd'hui
Ensemble aboutissaient à ce pauvre château.

Il allait hériter du chêne de Dodone
Et des sapins d'Ithaque et des cèdres bibliques.
Il allait hériter des grandes Républiques
Et des prosternements près du bourg de Colone.

Et les pas de la Grèce avaient marché pour lui,
Des bords de l'Eurotas aux rives du Scamandre.
Et pour lui les soleils de la Grèce avaient lui
Des sources d'Aréthuse aux détours du Méandre.

Et l'antique Hellade avait marché pour lui

Des quais de Syracuse aux bords du Simoïs.
Et les derniers soleils pour lui seul avaient lui
Du haut de Taygète aux détroits de Chalcis.

L'antique Agamemnon avait marché pour lui
Du palais de son père au camp devant Aulis.
Les soleils du retour pour lui seul avaient lui
Des bords de la Troade au temple d'Eleusis.

Les rêves de Platon avaient marché pour lui
Du cachot de Socrate aux prisons de Sicile.
Les soleils idéaux pour lui seul avaient lui.
Et pour lui seul chanté le gigantesque Eschyle.

Les règles d'Aristote avaient marché pour lui
Du cheval d'Alexandre aux règles scholastiques.
Et pour lui l'ascétisme et la règle avaient lui
Des règles d'Épicure aux règles monastiques.

Les règles de Zénon avaient marché pour lui,
Des siècles détendus aux siècles ascétiques.
Et pour lui Pythagore et la règle avaient lui
Des règles de calcul jusqu'aux règles mystiques.

Il allait hériter de l'école stoïque.
Il allait hériter de l'héritier romain.
Il allait hériter du laurier héroïque.
Il allait hériter de tout l'effort humain.

Il allait hériter d'un effort séculaire.
Il allait hériter du cavalier latin.
Il allait hériter dans son premier matin
Du peuple bucolique et du peuple insulaire.

Il allait hériter d'un monde déjà fait.
Et pourtant il allait tout entier le refaire.
Il allait déborder de la cause à l'effet
Comme un fleuve déborde et gagne une autre terre.

Il allait hériter d'un monde déjà fait.
Et pourtant il allait tout nouveau le refaire.
Il allait défluer de la cause à l'effet
Comme un monde déflue et gagne une autre sphère.

Il allait hériter d'un monde déjà fait.
Et pourtant il allait tout jeune le refaire.
Il allait procéder de la cause à l'effet
Comme le Fils procède en descendant du Père.

Il allait hériter d'un monde circonscrit
Et pourtant il allait du dedans le refaire.
Comme un négociant gouverne son affaire,
Il allait gouverner les œuvres de l'esprit.

Il allait hériter d'un monde déjà vieux.
Et pourtant il allait tout enfant le refondre.
Comme un vieux paysan, avant que de répondre,
Consulte l'appareil de la terre et des cieux.

Il allait hériter d'un univers tout fait.
Et pourtant il allait tout entier le résoudre.
Comme une vieille aïeule, avant que de recoudre,
Regarde les morceaux d'un pantalon défait.

Il allait hériter dans un pauvre canton
De l'affaiblissement des plus vieux municipes.
Il allait hériter d'Aristote et Platon
Par le désistement des plus fermes principes.

Il allait hériter dans son pauvre canton
De l'annulation des plus grands municipes.
Il allait hériter de Socrate et Platon
Par l'affaiblissement des plus fermes principes.

Il allait hériter dans son pauvre canton
De la sénilité des plus grands municipes.

Il allait hériter d'Aristote et Platon
Par la prostration des plus fermes principes.

Dieu qui nous jugerez sur un autre cadastre
Par notre ingratitude et nos morcellements,
Dieu qui nous peserez dans ce commun désastre
Par notre platitude et nos nivellements ;

Ô Dieu qui rangerez sur un dernier cadastre
Nos titres d'origine et de propriété,
Ô Dieu qui classerez dans ce commun désastre
Nos titres de régime et de caducité ;

Ô Dieu qui dresserez un bien autre cadastre
Pour nos parts de fortune et nos lotissements,
Dieu qui gouvernerez un bien autre désastre
Que nos coups d'infortune et nos terrassements ;

Seigneur qui classerez pour un dernier cadastre
Nos titres de fortune et de vulgarité,
Seigneur qui rangerez dans ce commun désastre
Nos titres de rancune et de précarité ;

Veuillez nous rechercher pour ce dernier cadastre
Des biens moins temporels, des titres moins vulgaires.
Veuillez nous rechercher dans ce commun désastre
Dans le surnaturel des titres moins précaires.

Veuillez nous rechercher pour ce dernier cadastre
Et pour le règlement des comptes de misères,
Veuillez nous rechercher dans ce commun désastre
Des biens qui ne soient pas nos châteaux et nos terres.

Veuillez nous rechercher de bien autres fortunes.
Veuillez nous rechercher un autre événement.
Veuillez nous retrouver des sources moins communes.
Veuillez nous retrouver un autre avènement.

Veuillez nous recherchez des biens incorporels
Qui nous soient gratuits et ne soient pas de nous.
Seigneur nous n'avons rien que nos biens naturels
Et le prosternement de nos raides genoux.

Veuillez nous dépouiller de nos vieilles rancunes.
Veuillez nous revêtir de vos désarmements.
Veuillez nous ménager des rades opportunes.
Veuillez nous préparer de grands débarquements.

Veuillez nous recherchez des biens intemporels
Qui nous soient gracieux et ne soient pas de nous.
Seigneur nous n'avons rien que nos biens naturels
Et le fléchissement de nos raides genoux.

Veuillez nous dépouiller de nos vieilles fortunes.
Veuillez nous revêtir de votre pauvreté.
Veuillez nous préparer des morts moins importunes.
Veuillez nous assurer de votre sûreté.

Veuillez nous rechercher des biens surnaturels.
Seigneur nous n'avons rien que notre humble nature.
Veuillez nous dispenser des biens moins naturels.
Veuillez nous ménager votre magistrature.

Veuillez nous dépouiller de nos vieilles ordures.
Veuillez nous revêtir de votre pureté.
Veuillez nous dépouillez de nos investitures.
Veuillez nous revêtir de votre dureté.

Veuillez nous rechercher ce que nous n'avons pas.
Nous n'avons que nos cœurs et nos biens périssables.
Veuillez nous dévoiler après le dernier pas
Le long bouillonnement des eaux intarissables.

Veuillez nous procurer des biens moins temporels.
Nous n'avons que le peu qui procède de nous.
Et parmi tant d'outrage et de biens corporels

Le sillon du collier dans la peau de nos cous.

Veuillez nous rechercher ce que nous n'avons pas,
Maître des biens caducs et des impérissables.
Après le dernier jour et le dernier trépas,
Veuillez nous révéler les biens infranchissables.

Veuillez nous insérer sur un nouveau registre,
Ô Dieu qui dresserez un tout autre cadastre.
Ô Dieux qui paraîtrez en ce nouveau désastre
Et ne parlerez plus par la voix d'un ministre.

Veuillez nous procurez ce que nous n'avons pas.
Veuillez nous révéler, roi des biens périssables,
Après le dernier jour et le dernier trépas,
La porte et le perron des biens infranchissables.

Veuillez nous retrouver d'impérissables titres,
Dieu qui classerez tout sur un nouveau cadastre.
Ô Dieu qui surgirez dans ce commun désastre,
Veuillez nous reclasser dans de nouveaux chapitres.

Veuillez nous dépouiller de nos raides fortunes,
Veuillez nous revêtir de vos contentements.
Veuillez nous éviter des morts inopportunes.
Veuillez vous contentez de nos déportements.

Il allait hériter des couronnes murales,
Des fossés, des créneaux, des encorbellements.
Des palais, des châteaux et des morcellements.
Il allait hériter des colonnes rostrales.

Il allait hériter des victoires nautiques,
De Candie et de Malte et de la mer Latine.
Il allait hériter des désastres antiques,
Et de l'écroulement des murs de Palestine.

Il allait hériter des vertes Feuillantines

Et du génie autant que de la sainteté.
Il allait hériter des frêles brigantines,
Et du tonnage autant que de la pauvreté.

Il allait hériter du plus lointain écho,
Du plus ancien tonnerre et du premier ramage.
Et de l'écroulement du plus ancien village.
Et de l'écroulement des murs de Jéricho.

Il allait hériter des suppliants antiques,
De Priam et d'Homère et des chœurs de Sophocle.
Il allait hériter du fronton et du socle
Et du vieillard aveugle et des dèmes attiques.

Il allait hériter des sables des déserts
Et des ruisseaux de lait et des ruisseaux de miel.
Et des vallons ombreux et des chemins couverts,
Et des reposements de la terre et du ciel.

Il allait hériter des vainqueurs authentiques.
Il allait hériter plus encor des vaincus.
Il allait hériter des désastres d'écus.
Il allait hériter des désastres mystiques.

Il allait hériter des victoires nautiques
Et de la grâce autant que de la liberté.
Il allait hériter des licences antiques
Et de la race autant que de la volupté.

Il allait hérité de la voile latine
Et du pays sabin et de l'orbe du monde.
Il allait hériter de la vague profonde
Et de l'écrasement d'un temple en Palestine.

Il allait hériter de la courbe nautique
Et du navire autant que de la cargaison.
Il allait hériter de la sagesse antique
Et du délire autant que de droite raison.

Il allait hériter de la prose latine,
Et du verbe latin il en ferait ses proses.
De l'églantier latin il en ferait ses roses.
Et de l'écroulement d'un temple en Palestine

Il en ferait son temple et son arche éternelle.
Des tentes d'Israël ferait son tabernacle.
Des crèches de Noël ferait son habitacle
Et sa niche de saint et sa couche charnelle.

Des reposoirs ferait toute sa résidence.
Et de notre salut ferait tous ses amours.
Et des processions qui s'en vont dans les bourgs
Ferait pour nous servir toute sa présidence.

Des reposoirs ferait sa tribune et son siège
Au-dessus de la foule enfant et fraternelle.
Et des processions ferait tout son cortège
Et sa marche présente et sa marche éternelle.

Il allait hériter de la courbe nautique
Et du volume autant que de la pauvreté.
Il allait hériter de la sagesse antique
Et de l'écume autant que de la pureté.

Il allait hériter des manquements de Rome
Et du délire antique il ferait sa raison.
Il allait hériter des manquements de l'homme
Et de la lyre attique il ferait oraison.

Il allait hériter de la courbe nautique
Et du recul autant que de la flottaison.
Il allait hériter de l'appareil antique
Et du calcul autant que de simple raison.

Il allait hériter des manquements de l'homme
Et du plein et du vide et du manque et des creux.

Il allait hériter des manquements de Rome
Et du plus indigent et du plus malheureux.

Il allait hériter de la prose latine.
Il en ferait la messe et le grégorien.
Il allait hériter de la rouge églantine.
Il en ferait la rose et l'oratorien.

Il allait hériter de ce qui manque à l'homme.
Et celui qui n'a rien est qui donne le plus.
Il allait hériter de ce qui manque à Rome.
Et celui qui n'a rien fait des dons absolus.

Il allait hériter des plus antiques lèpres.
Il en ferait l'offense et le péché mortel.
Il allait hériter du plus antique autel.
Il en ferait l'autel de la messe et des vêpres.

Il allait hériter des manquements de Rome.
Et celui qui n'a rien, c'est un bel héritage.
Il allait hériter des manquements de l'homme.
Et celui qui n'a rien, c'est le plus beau partage.

Il allait hériter des métriques latines.
Il en ferait sa prose et son hymne et ses vêpres.
Il allait hériter des plus antiques lèpres.
Il en ferait l'horreur des lèpres clandestines.

Il allait hériter des manquements de l'homme.
Et celui qui n'a rien, il en hérite plus.
Il allait hériter des manquements de Rome.
Et celui qui n'a rien fait des legs absolus.

Il allait hériter des métriques latines.
Il en ferait son nombre et son rythme et ses vêpres.
Il allait hériter des apparentes lèpres.
Il en ferait l'horreur des lèpres intestines.

Il allait hériter de nos charnelles lèpres.
Il en ferait l'ordure et le péché mortel.
Il allait hériter du plus caduque autel.
Il en ferait l'autel de la messe et des vêpres.

Il allait hériter du sacrifice antique.
Il en ferait sa messe et son propre offertoire.
Il allait hériter de l'aruspice attique.
Il en ferait sa dette et son propre oratoire.

Il allait hériter de nos lèpres charnelles.
Il en ferait l'injure et la contrition,
La lèpre intérieure et la rémission,
Et la démangeaison des lèpres éternelles.

Il allait hériter de la prose latine.
Il en ferait don rite avec sa liturgie.
Il allait hériter de Rome byzantine.
Il en ferait son cadre et sa théologie.

Il allait hériter de nos lèpres charnelles.
Il en ferait l'outrage et la corruption.
Il allait hériter du temple de Sion.
Il y ferait sonner des vêpres éternelles.

Il allait hériter de la pourpre latine.
Il en ferait sa robe et sa pourpre élargie.
Il allait hériter de la loi byzantine.
Il en ferait son code et sa thaumaturgie.

Il allait hériter de l'antique noblesse.
Il allait en former une noble prière.
Il allait hériter de l'antique bassesse.
Il allait en former notre basse misère.

Il allait hériter de la Rome de brique.
Il allait hériter de la Rome de marbre.
Il allait hériter de la souche et de l'arbre.

Il allait hériter de Carthage d'Afrique.

Il allait hériter de l'antique raison.
Il en ferait sa prise, et son humble servante.
Il allait hériter de l'antique maison.
Il en ferait sa grise et sa mouvante tente.

Et des vieux tympanons il en ferait des cloches.
Et des vieux cabanons il en ferait des temples.
Des antiques pennons il ferait des exemples.
Et des vieux gonfanons il ferait des fantoches.

Il allait hériter des manquements de Rome.
Et celui qui n'a rien, c'est un grand colportage.
Il allait hériter des manquements de l'homme.
Et celui qui n'a rien, c'est un grand sauvetage.

Il allait hériter de la voile et la rame
Et du port de commerce et de débarquement.
Il allait hériter des rudesses de l'âme
Et du port de détresse et de baraquement.

Il allait hériter des manquements humains.
Et celui qui n'a rien, c'est lui seul qui se donne.
Il allait hériter des manquements romains.
Et celui qui n'a pas, c'est lui seul qui couronne.

Il allait hériter de la rame et la voile
Et des pontons liés aux quais d'embarquement.
Il allait hériter de ce carré de toile
Et du mât qui travaille et craque un craquement.

Il allait hériter des manquements latins.
Et celui qui n'a pas, c'est lui seul qui pardonne.
Il allait hériter des antiques destins.
Et celui qui n'a pas, c'est lui qui s'abandonne.

Il allait hériter des premières murailles

Et des premiers fossés et des rois fondateurs.
Il allait hériter des consulteurs d'entrailles
Et des premiers procès et des usurpateurs.

Il allait hériter des antiques festins.
Mais il allait en faire un festin éternel.
Il allait hériter des temples clandestins.
Mais il allait en faire un temple solennel.

Il allait hériter des premières bâtisses,
Du lyrique Amphion et des rois bâtisseurs.
Il allait hériter des premiers possesseurs.
Il allait hériter des premières justices.

Il allait hériter de cette pauvre femme.
Et celui qui n'a rien, c'est lui qui donne tout.
Il allait hériter des pauvretés de l'âme.
Et celui qui n'a rien, c'est lui qui meurt debout.

Il allait hériter de l'antique bordage
Et du port militaire et des réarmements.
Il allait hériter du dernier abordage
Et de la mise à terre et des effondrements.

Il allait hériter de tout ce qui se donne,
Des tendresses de l'âme et des grâces du cœur.
Il allait hériter d'une pâle couronne
Effeuillée aux genoux d'un absurde vainqueur.

Il allait hériter des derniers successeurs.
Il allait hériter des dômes byzantins.
Il allait commencer les grands intercesseurs.
Il allait investir les comtes palatins.

Il allait hériter de tout ce qui se lègue
Et celui qui n'a rien, Jésus seul en hérite.
Il allait hériter de tout ce qu'on relègue
Et de ce qu'on méprise aux marchés du mérite.

Il allait hériter de nos états-civils.
De ceux qui nous font dire : Une vie est à nous.
Seigneur nous n'avons rien que ces portiques vils
Et le roidissement de nos roides genoux.

Il allait hériter des titres cadastraux,
De ceux qui nous font maître et seigneur de la terre
Et qui nous font régner dans des cantons ruraux
Au nom du droit civil par les mains du notaire.

Il allait hériter de nos maîtres avides,
De ceux qui nous font dire : Une science est à nous.
Seigneur nous n'avons rien que nos cartables vides
Et l'abdication de nos roides genoux.

Il allait hériter des biens paraphernaux.
Il en ferait sa dot et celle de sa mère.
Il allait hériter des palais infernaux.
Il en ferait son lot et celui de son père.

Il allait hériter des tables de mémoire.
Mais puissions-nous les perdre au jour du jugement
Comme on perd un papier qu'on avait dans l'armoire
Et qui commémorait un pauvre événement.

Il allait hériter des titres cadastraux,
De ceux qui nous font dire : Une terre est à nous.
Seigneur nous n'avons rien que nos roides genoux
Et le gouvernement de ces cantons ruraux.

Ce n'est pas de mémoire et de certificat
Que nous aurons besoin dans ce commun désastre.
Et ce n'est pas d'histoire et de raison d'État
Que nous aurons besoin sur cet autre cadastre.

Il allait hériter des cartes de la terre,
De celles qui font dire : Un royaume est à nous.

Seigneur nous n'avons rien qu'une basse misère
Et le prosternement de nos raides genoux.

Et ce n'est pas de carte et de géographie
Que nous aurons besoin dans ce commun désastre.
Et ce n'est pas de plans et de topographie
Que nous nous munirons pour ce nouveau cadastre.

Et ce n'est pas de cartes de géographies
Que nous emporterons au jour du jugement.
Et ce n'est pas des plans et des topographies
Que nous emporterons sur notre bâtiment.

Et ce n'est pas des textes d'archéologies
Que nous emporterons sur notre galéasse.
Ce n'est pas par des notes de philologies
Que nous justifierons notre vieille carcasse.

Ce n'est pas des cadrans et de mauvais compas
Que nous emporterons le jour de cette chasse.
Ce n'est pas de conserve et d'un mauvais repas
Que nous aurons empli notre maigre besace.

Ce n'est pas un fatras de physiologies
Que nous emporterons le jour de la colère.
Ce n'est pas un ramas de généalogies
Que nous emporterons pour le jour du salaire.

Et ce ne sera pas une maigre boussole
Que nous consulterons dans son morne habitacle.
Et nos pavois seront une autre banderole.
Et nos coffres seront un autre tabernacle.

Et ce n'est pas des tas de sociologies
Que nous emporterons le jour du jugement.
Et ce n'est pas des rats de bibliographies
Que nous emporterons le jour du règlement.

Et ce n'est pas des sots et des sociologues
Qui rameront pour nous sur nos pauvres trois-mâts.
Et ce n'est pas des mots et des archéologues
Qui penseront pour nous dans ces derniers frimas.

Et ce n'est pas des planches de bibliothèques
Qui trembleront pour nous le jour de la colère.
Et des recolements et des pinacothèques
Le jour du règlement et le jour du salaire.

Ce n'est pas un chorège avec des mystagogues
Qui régleront nos chœurs et conduiront nos pas.
Et ce n'est pas des clercs avec des pédagogues
Après le dernier jour et le dernier trépas.

Et ce n'est pas des bras tout pleins de catalogues
Qui rameront pour nous sur nos derniers vaisseaux.
Et ce n'est pas des cœurs tout chargés d'apologues
Qui trembleront pour nous sur nos derniers radeaux.

Ce n'est pas des savants et des anthropologues
Qui rameront pour nous sur une humble galère.
Ce n'est pas des talents doublés de psychologues,
Le jour du règlement et le jour du salaire.

Et ce n'est pas d'un scribe et de ses répertoires
Que nous nous pourvoirons le jour du jugement.
Et ce n'est pas des vœux des professeurs d'histoires
Que nous nous munirons le jour du règlement.

Et ce n'est pas de plume et de boîtes de fiches
Que nous nous armerons le jour de la colère.
Ce n'est pas de placards et ce n'est pas d'affiches,
Le jour du règlement et du dernier salaire.

Et ce n'est pas d'archive et de conservatoires
Que nous nous armerons le jour du jugement.
Et ce n'est pas des jeux des professeurs d'histoires

Que nous nous prévaudrons le jour du règlement.

Ce ne sont pas les courbes et les sismographes
Que nous invoquerons le jour du tremblement.
Et ce n'est pas l'article avec les paragraphes
Que nous invoquerons le jour du règlement.

Et ce n'est pas non plus ces pompeux cénotaphes
Qui nous introduiront dans un monde nouveau.
Et ce n'est pas non plus ces faiseurs d'épitaphes
Que nous invoquerons pour sortir du tombeau.

Et ce n'est pas leurs points et leurs alinéas
Que nous réclamerons le jour de la justice.
Et ce n'est point aussi leurs tables d'aléas
Que nous alléguerons le jour de l'armistice.

Et ce n'est point leur lettre avec leurs monogrammes
Qui nous introduiront dans un siècle nouveau.
Et ce n'est point leur sceptre avec leurs diagrammes
Que nous consulterons pour sortir du tombeau.

Ce n'est point ces rentiers et ces fonctionnaires
Qui garderont la porte au jour du jugement.
Ce n'est point ces taupiers et ces factionnaires
Qui monteront la garde au jour du règlement.

Ce n'est point ces lanciers et ces gardes du corps
Qui monteront la garde au seuil du tribunal.
Ce n'est pas ces massiers et ces portiers des morts
Qui nous allumeront notre dernier fanal.

Ce n'est point ces caissiers et ces gardes des sceaux
Qui nous feront passer de l'un à l'autre bord.
Ce n'est point ces huissiers et ces grands panonceaux
Qui nous enseigneront à sortir de la mort.

Ce n'est point ces greffiers et ces parfaits notaires

Que nous invoquerons sur les bords éternels.
Ce n'est point les dossiers de ces protonotaires
Que nous alléguerons aux bords intemporels.

Nous les aurons laissés parmi leurs glyptothèques,
Parmi leurs cendriers cherchant des poudriers.
Un autre lèvera nos lourdes hypothèques.
Un autre affranchira nos absurdes terriers.

Un autre purgera nos propres hypothèques.
Un autre lèvera nos stupides écrous.
Un autre lavera de la peau de nos cous
Le sang et le sillon des colliers extrinsèques.

Un autre lèvera des registres d'écrous
Nos prénoms et nos noms et nos états-civils.
Un autre arrachera de la peau de nos cous
Le sang et le sillon de nos colliers d'exils.

Un autre brisera les registres d'écrous.
Un autre brisera les portes de la geôle.
Un autre effacera de notre maigre épaule
La poussière et le sang descendus de nos cous.

Un autre, un Dieu rompra les registres d'écrous.
Un autre, un Dieu rompra les deux portes d'airains.
Un autre effacera de la peau de nos reins
La poussière et le sang descendus de nos cous.

Un autre arrachera ces absurdes licous.
Un autre, un triple Dieu rompra les doubles portes.
Un autre arrachera de la peau de nos cous
La strangulation de ces lanières mortes.

Un autre effacera de la peau de nos cous
Un bleuâtre sillon de nos colliers de force.
Un autre effacera de notre vieille écorce
L'antique inscription des prénoms les plus doux.

Un autre effacera de notre maigre épaule
La poussière et le sang descendus de nos cous.
Un autre effacera de l'écorce du saule
La poussière et le sang du prénom le plus doux.

Un autre effacera de nos fébriles reins
La poussière et le sang descendus de nos cous.
Un autre effacera de nos tables d'airains
La poussière et le sang du prénom le plus doux.

Un autre effacera de la peau de nos nuques
Le bleuâtre sillon de nos colliers d'écrous.
Un autre effacera de nos tables caduques
La creuse inscription du prénom le plus doux.

Un autre effacera de la peau de nos reins
Le bleuâtre sillon des vieilles disciplines.
Un autre effacera du sommet des collines
Les noms jadis creusés au fil de nos burins.

Un autre effacera de la peau de nos cous
Le bleuâtre sillon de nos colliers de force.
Un autre effacera de notre vieille écorce
La marque du carcan et les traces des clous.

Un autre effacera de nos colliers de force
La marque des seuls jougs que nous aurons portés.
Un autre effacera de notre dur écorce
La marque des seuls clous que nous aurons plantés.

Un autre effacera du revers des coteaux
La poussière et l'honneur du prénom le plus doux.
Un autre effacera de l'écorce du houx
Les noms jadis gravés au fil de nos couteaux.

Un autre effacera de nos livres de peine
La trace de la ronce et de la fleur de mai.

Un autre effacera de l'écorce du chêne
La trace du seul nom que nous ayons aimé.

Un autre effacera de nos livres de haine
La trace du chiendent, le grain de sénevé.
Un autre effacera de l'écorce du frêne
La trace du seul nom que nous ayons gravé.

Mais nul n'effacera de nos livres de peine
La trace d'un *Pater* ni celle d'un *Ave*.
Car nul n'effacera de l'écorce du chêne
La trace du tourment qui nous fut réservé.

Un autre effacera du profond de notre être
La trace du tourment que nous avons béni.
Un autre effacera de l'écorce du hêtre
La morsure du bec et la paille du nid.

Un autre effacera du secret de notre être
La trace du seul nom qui ne soit pas banni.
Un autre effacera de l'écorce du hêtre
La griffure de l'ongle et la tiédeur du nid.

Un autre écartera des sept degrés du trône
L'âpre invocation du bras le plus tendu.
Un autre effacera de l'écorce de l'aune
La creuse inscription du nom le plus perdu.

Un autre alignera ces deux qui vont ensemble.
Et c'est l'homme et la femme et l'amour et la peine.
Un autre effacera de l'écorce du tremble
Ces chiffres que liait une éternelle chaîne.

Un autre fixera dans sa première forme
Le seul être idéal qu'un âge ait déformé.
Un autre effacera de l'écorce de l'orme
La trace du seul nom que nous ayons aimé.

Et ce n’est pas les yeux de nos maîtres charnels,
Et ce n’est pas les yeux des professeurs d’histoire
Qui nous regarderont à l’interrogatoire
Quand nous serons assis sur les bancs éternels.

Et ce n’est pas le poids qu’ils ont dans leurs balances
Qui diront notre poids quand nous serons pesés.
Et ce n’est pas leurs lois et leurs équipollences
Qui feront notre loi quand nous serons jugés.

Et ce n’est pas leurs poids et leurs équivalences
Qui diront notre poids quand nous serons pesés.
Et ce n’est pas leurs lois et leurs doubles balances
Qui fixeront le sort quand nous serons dosés.

Et ce n’est pas leurs poids et leurs contre-balances
Qui pèseront alors l’ombre que nous serons.
Et ce n’est pas leurs lois et leurs prix d’excellences
Qui classeront alors le peu que nous ferons.

Ce n’est pas dans leur tente et leur salle des prix
Que tant de malheureux seront récompensés.
Ce n’est pas leurs discours savamment balancés
Qui nous ranimeront quand nous serons péris.

Ce n’est pas dans leur tente et leur salle des prix
Que le bien et le mal seront récompensés.
Ce n’est pas leur musique et leurs pas cadencés
Qui nous révoqueront quand nous serons péris.

Ce n’est pas dans leur tente et leurs salles des prix
Que nous autres pécheurs prendrons nos récompenses.
Ce n’est point vers leur face et vers leurs maigres panses
Que nous apporterons notre pauvre débris.

Ce n’est pas dans leur tente et leurs salles des prix
Que nous autres faillis réglerons nos dépenses.
Ce n’est point vers leur face et leurs augustes panses

Que nous apporterons notre pauvre mépris.

Et ce n'est pas non plus à monsieur le préfet
Que nous apporterons le peu que nous ferons.
C'est vers une autre cause et vers un autre effet
Que nous apporterons le rien que nous serons.

Et ce n'est pas leurs poids posés dans leurs balances
Qui pèseront la poudre et la cendre et les vers.
Et ce n'est pas leurs lois et leurs équipollences
Qui doseront le sort de l'immense univers.

Ce ne sont pas des bras tout chargés de Digestes
Qui rameront pour nous sur nos derniers vaisseaux.
Ce ne sont pas ces preux et ces porte-boisseaux
Qui nous rattraperont avec leurs manifestes.

Ce ne sont pas des bras tout chargés de Pandectes
Qui rameront pour nous sur nos derniers trois-mâts.
Ce ne sont pas ces gueux et ces porte-hamacs
Qui nous rattraperont avec leurs analectes.

Ce ne sont pas des bras tout chargés de glossaires
Qui rameront pour nous sur nos derniers radeaux.
Ce ne sont pas ces bleus et ces porte-badauds
Qui nous rattraperont des mains garnisaires.

Ce ne sont pas des bras tout chargés de lexiques
Qui rameront pour nous sur une frêle barque.
Ce n'est pas leurs discours, fussent-ils syntaxiques,
Qui plaideront pour nous près du plus grand monarque.

Et ce n'est pas des bras pleins de dictionnaires
Qui rameront pour nous sur nos derniers trois-mâts.
Et ce n'est pas des jeux pleins de fonctionnaires
Qui nous réchaufferont dans ces derniers frimas.

Et ce n'est pas leurs poids dans leurs cages de verre

Qui pèseront le sang qui fut versé pour nous.
Ce n'est pas leur balance avec des caoutchoucs
Qui pèsera le sang versé sur le Calvaire.

Et ce n'est pas leurs poids chez les pharmaciens
Qui pèseront l'offense et le péché mortel.
Et ce n'est pas leurs lois chez les praticiens
Qui laveront le sang sur le dernier autel.

Et ce n'est pas leurs poids dans les laboratoires
Qui pèseront la chute et la rédemption.
Et ce n'est pas leurs lois dans les conservatoires
Qui fermeront la lutte et la contrition.

Et ce n'est pas leurs poids dans leurs laboratoires
Qui pèseront l'orgueil et la contention.
Et ce n'est pas leurs lois dans leurs conservatoires
Qui fermeront le seuil sur la prescription.

Ce n'est pas leurs bocaux chez les pharmaciens
Qui recevront le sang qui fut versé pour nous.
Ce n'est pas leurs locaux chez les praticiens
Qui recevront le pli de nos humbles genoux.

Ce n'est pas leurs balances de pharmaciens
Qui diront notre poids quand nous serons pesés.
Ce n'est pas leurs sentences de praticiens
Qui diront notre sort quand nous serons dosés.

Ce n'est pas leurs balances de précision
Qui diront notre poids quand nous serons pesés.
Ce n'est pas leur sentence et leur décision
Qui diront notre sort quand nous serons dosés.

Ce n'est pas l'apophthegme et les concisions
Qui diront le seul mot quand nous serons pesés.
Ce n'est point des calculs que nous invoquerons
Le jour que nous serons offerts et adjugés.

Ce n'est pas les articles du Code civil
Que nous invoquerons dedans cette détresse.
Nos regards connaîtront un bien autre péril.
Nos regards chercheront une autre forteresse.

Ce n'est pas les articles du Code pénal
Que nous invoquerons dans ce dernier combat.
Nos regards connaîtront un autre Tribunal.
Nos regards chercheront un bien autre Avocat.

Et ce n'est pas de toge et de robe et de toques
Que nous nous couvrirons dans cet abaissement.
Et ce ne sera pas ces porteurs de breloques
Que nous invoquerons pour ce redressement.

Et ce n'est pas du Code et de ses accessoires
Que nous nous recouvrirons dans ce recueillement.
Et non plus du Codex et de ses balançoires
Que nous aurons couvert notre dépouillement.

Et nos yeux chercheront pour l'âme scélérate
Une autre couverture, un autre couvrement.
Et nos yeux chercheront pour ce recouvrement
Le maternel manteau d'une illustre Avocate.

Et nos yeux chercheront pour l'âme candidate
Une autre couverture, un autre couvrement.
Et nos yeux chercheront pour ce recouvrement
L'éblouissant manteau d'une jeune Avocate.

Et nos yeux chercheront pour l'âme renégate
Une autre couverture, un autre couvrement.
Et nos yeux chercheront pour ce recouvrement
Le manteau de vertu d'une grande Avocate.

Et nos yeux chercheront pour l'âme lauréate
Une autre couverture, un autre couvrement.

Et nos yeux chercheront pour ce recouvrement
Le manteau de candeur d'une belle Avocate.

Advocata nostra, ce que nous chercherons,
C'est le recouvrement d'un illustre manteau.
Et spes nostra, salve, ce que nous trouverons,
C'est la porte et l'accès d'un illustre château.

Ce n'est pas dans leur tente et leurs lits d'ambulance
Que nous nous coucherons pour notre éternité.
Ce n'est pas dans leur poudre et leur pulvérulence
Que nous retournerons dans notre inanité.

Ce n'est pas leurs délais et leurs atermoiements
Qui nous ajourneront le jour du dernier jour.
Ce n'est pas les relais de leurs apitoiements
Le jour du dernier terme et du dernier amour.

Et ce n'est pas leurs drogues de pharmaciens
Qui guériront le mal dont nous sommes perclus.
Et ce n'est pas leurs morgues de praticiens
Qui fermeront le seuil dont nous sommes exclus.

Un autre écartera des sept degrés du trône
L'âpre adjuration des bras les plus tendus.
Un autre effacera de l'écorce de l'aune
Jusqu'au tracé des noms que nous avons perdus.

Ce n'est pas dans leur tente et leurs lits d'ambulance
Qu'on recoudra les bords d'une affreuse morsure.
Ce n'est pas leur chloral coupé de somnolence
Qui nous endormira cette affreuse blessure.

Ce n'est pas dans leur tente et leurs lits d'ambulance
Le jour du dernier jour, que nous serons laissés.
Ce n'est point par leur drogue et dans leur somnolence
Que nous achèverons nos rêves de blessés.

Ce n'est pas des degrés de leur amphithéâtre
Que descendra le verbe et la péroraison.
La pièce se jouera pour un autre théâtre.
Le rideau tombera pour une autre saison.

Ce n'est pas des degrés de leur amphithéâtre
Que montera l'hommage et la triple oraison.
La pièce se jouera pour un autre théâtre.
Le rideau tombera sur une autre maison.

Ce n'est pas dans leur tente et leurs lits d'ambulance
Et dans leur appareil que nous serons pansés.
Ce n'est pas par leurs soins que seront dispensés
Les sceaux du dernier jour et du dernier silence.

Ce n'est pas leurs danseurs et leurs porte-sellettes
Qui nous apporteront une aide fraternelle.
Ce n'est pas leurs valseurs et leurs porte-palettes
Qui nous dessineront une image éternelle.

Ce n'est pas leurs masseurs et leurs porte-amulettes
Qui passeront pour nous devant le divin juge.
Ce n'est pas leurs brosseurs et leurs porte-épaulettes
Qui seront ce jour-là notre unique refuge.

Ce n'est point leurs caissiers et leurs porte-cassettes
Qui passeront pour nous devant le divin juge.
Ce n'est point leurs lanciers et leurs porte-musettes
Qui seront notre garde et notre beau refuge.

Ce n'est pas leurs *moyens* et leur jurisprudence
Que nous invoquerons dans l'éternel débat.
Ce n'est pas leur sagesse et même leur prudence
Que nous évoquons dans l'éternel combat.

Ce n'est pas leurs massiers et leurs porte-serviettes
Qui passeront pour nous devant le divin juge.
Ce n'est pas leurs huissiers et leurs porte-mazettes

Qui seront notre asile et notre beau refuge.

Ce n'est point leurs museaux, fussent-ils symboliques,
Qui se seront penchés sur le divin enfant.
Ce n'est point leurs naseaux, fussent-ils bucoliques,
Qui se seront penchés sur un roi triomphant.

Ce n'est pas leurs dossiers, fussent de procédure,
Que nous emporterons sur nos maigres épaules.
Ce n'est pas leurs aciers, fussent-ils de soudure,
Qui nous gouverneront de l'un à l'autre pôles.

Ce n'est pas leurs dossiers, fût-ce de procédure,
Que nous emporterons sur notre maigre dos.
Ce n'est pas leurs aciers, fussent-ils de soudure,
Qui nous gouverneront sur nos derniers radeaux.

Ce n'est pas leurs dossiers, fussent de procédures
Que nous emporterons sur nos débiles reins.
Ce n'est pas leurs aciers, fussent-ils de soudures
Qui nous feront des lois et nos tables d'airains.

Ce n'est pas leurs dossiers, fussent de procédure,
Qui nous conserveront nos premiers parchemins.
Ce n'est pas leurs aciers, fussent-ils de soudure,
Que nous élèverons sur nos fragiles mains.

Ce n'est point leurs dossiers et leurs vases d'ordure
Que nous emporterons dans nos derniers demains.
Ce n'est pas leurs aciers, fussent de procédure,
Qui nous gouverneront dans nos derniers chemins.

Ce n'est pas leurs dossiers, fussent de procédure,
Que nous emporterons aux rives éternelles.
Ce n'est pas leurs aciers, fussent-ils de soudure,
Qui nous cuirasseront nos barques solennelles.

Ce n'est pas leurs dossiers, fussent de procédure,

Que nous emporterons aux rives éternelles.
Ce n'est pas leurs aciers, fussent-ils de soudure,
Qui nous cuirasseront nos épaves charnelles.

Ce n'est pas leurs dossiers, fussent de procédure,
Qui nous épargneront les derniers châtiments.
Ce n'est pas leurs aciers, fussent-ils de soudure,
Qui nous cuirasseront nos derniers bâtiments.

Ce n'est pas leurs tableaux, fussent de concordance,
Qui nous accorderont quand nous serons discords.
Ce n'est pas leur bedeaux et leurs maîtres de danse
Qui nous feront vivants quand nous serons des morts.

Ce n'est pas leurs tableaux, fussent de concordance,
Qui nous établiront nos suprêmes accords.
Ce n'est pas leurs badauds et leurs maîtres de danse
Qui nous feront danser quand nous serons des morts.

Ce n'est pas leurs greniers, fussent-ils d'abondance,
Qui nous conserveront les septuples froments.
Ce n'est pas leurs paniers et leurs maîtres de danse
Qui nous feront danser dans nos derniers moments.

Ce n'est pas leurs archets et leurs maigres cadences
Qui nous emporteront, au pied du dernier fort.
Ce n'est pas les déchets de leurs maîtres de danses
Qui nous enlèveront, au seuil du dernier port.

Ce n'est pas leurs cachets et leur antipyrine
Qui nous auront nourri notre pauvre carcasse.
Ce n'est pas les déchets de leur maigre farine
Qui nous feront ramer sur notre galéasse.

Ce n'est pas ces cadets et leurs salles d'attente
Qui nous accrocheront au creux du dernier fort.
Ce n'est pas ces baudets chacun portant sa tente
Qui nous apporteront aux quais du dernier port.

Ce n'est pas ces cadets en soufflant dans leur voile
Qui nous accrocheront sur le dernier rebord.
Ce n'est pas ces baudets et leurs tentes de toile
Qui nous emporteront dans un dernier effort.

Ce n'est pas leurs godets et leurs poudres de plâtre
Qui nous feront grimper le long du dernier fort.
Ce n'est pas leurs genoux et leurs coudes d'albâtre
Qui nous feront ramer au seuil du dernier port.

Ce n'est pas leur gondole et leurs joueurs de flûtes
Qui sauront nous poser sur un fragile bord.
Ce n'est pas leur boussole et leurs porte-volutes
Qui sauront nous trouver le lieu du dernier Nord.

Et ce n'est pas leurs poids et leurs doubles pesées
Qui diront notre poids dans une autre balance.
Et ce n'est pas leurs lois et leurs billevesées
Qui briseront le sceau des lèvres du silence.

Et nous ne fierons riens qu'aux voiles de prière
Parce que c'est Jésus qui nous les a tissées.
Et nous ne fierons rien qu'aux voiles de misère
Parce que c'est Jésus qui nous les a hissées.

Et nous ne fierons rien qu'aux voiles de prière
Parce que c'est Jésus qui nous les tendues.
Et nous ne fierons rien qu'aux voiles de misère
Par ce que c'est Jésus qui nous les a pendues.

Et nous ne fierons rien qu'aux voiles de prière
Parce que c'est Jésus qui nous les a rendues.
Et nous ne fierons rien qu'aux voiles de misère
Parce que c'est Jésus qui les a détendues.

Et nous ne fierons rien qu'aux voiles de prière
Parce que Jésus-Christ nous les avait prêtées.

Et nous ne fierons rien qu'aux voiles de misère
Par ce que Jésus-Christ les avait arrêtées.

Et nous ne fierons rien qu'aux verbes de prière
Parce que Jésus-Christ les avait entendus.
Et nous ne fierons rien qu'aux verbes de misère
Parce que Jésus-Christ les avait dépendus.

Et nous ne fierons rien qu'aux vergues de prière
Parce que c'est Jésus qui nous les a clouées.
Et nous ne fierons rien qu'aux vergues de misère
Parce que c'est Jésus qui nous les a nouées.

Et nous ne fierons rien qu'aux vergues de prière
Parce que c'est Jésus qui nous les a croisées.
Et nous ne fierons rien qu'aux vergues de misère
Parce que c'est Jésus qui nous les a toisées.

Et nous ne fierons rien qu'aux voiles de prière
Parce que c'est Jésus qui nous les a carguées.
Et nous ne fierons rien qu'aux cordes de misère
Parce que c'est Jésus qui nous les a raguées.

Et nous ne fierons rien qu'aux voiles de prières
Parce que c'est Jésus qui nous les a léguées.
Et nous n'enfilerons que de basses rivières
Parce que c'est Jésus qui nous les a draguées.

Et nous ne fierons rien qu'aux palmes de prière
Parce que c'est Jésus qui nous les a fleuries.
Et nous ne fierons rien qu'aux palmes de misère
Parce que c'est Jésus qui les a défleuries.

Et nous ne fierons rien qu'aux palmes de prière
Parce que c'est Jésus qui nous les a données.
Et nous ne fierons rien qu'aux palmes de misère
Parce que c'est Jésus qui les a couronnées.

Et nous ne fierons rien qu'aux grâces de prière
Parce que c'est Jésus qui nous les a tendues.
Et nous ne fierons rien qu'aux grâces de misère
Parce que c'est Jésus qui nous les a rendues.

Et nous ne nous fierons qu'aux grâces de prière
Parce qu'elle est du maître et du seigneur Jésus.
Et nous ne nous fierons qu'aux grâces de misère
Parce qu'elle est du Père et du Fils absolus.

Et ce n'est pas les voix des professeurs d'histoires,
(Il ne s'agira plus de voter, mes enfants),
Et ce n'est pas les voix des professeurs de gloires
Que nous alléguerons dans nos accablements.

Et ce n'est pas les voix des maîtres de mémoires
Qui classeront les purs avec les triomphants.
Et ce n'est pas les poids des maîtres de grimoires
Que nous invoquerons dans ces événements.

Et ce n'est pas les voix des professeurs d'histoires
Qui classeront le juste avec les triomphants.
Et ce n'est pas les poids des maîtres de grimoires
Que nous invoquerons pour nos avènements.

Et nous ne fierons rien qu'aux voiles éternelles
Parce que c'est Jésus qui nous les a tendues.
Et nous ne fierons rien aux attaches charnelles
Parce que Jésus-Christ nous les a détendues.

Et nous ne nous fierons qu'aux vergues éternelles
Parce que c'est Jésus qui nous les a pendues.
Et nous ne fierons rien aux manœuvres charnelles
Parce que Jésus-Christ nous les a dépendues.

Et nous sommes tombés dans le filet de Pierre
Parce que c'est Jésus qui nous l'avait tendu.
Et nous avons gardé d'avoir un cœur de pierre

Parce que c'est Jésus qui nous l'a défendu.

Et nous avons brûlé la bûche de Noël
Parce que c'est Jésus qui nous l'avait fendue.
Et nous avons aimé ce peuple d'Israël
Parce qu'Anne et Marie en était descendue.

Et nous sommes tombés dans le filet de Pierre
Parce que c'est Jésus qui nous l'avait tendu.
Et nous n'avons pas pu garder un cœur de pierre
Parce que c'est Jésus qui nous l'avait fondu.

Et ce ne sera pas ces frêles greluchons
Qui nous adorneront le jour du jugement.
Et ce ne sera pas leurs pauvres balluchons
Qui nous équiperont le jour du tremblement.

Et ce ne sera pas ces frêles greluchons
Qui nous adorneront le jour du jugement.
Et ce ne sera pas leurs pauvres balluchons
Qui nous transporteront notre humble chargement.

Et ce ne sera pas ces frêles greluchons
Qui nous adorneront le jour du jugement.
Et ce ne sera pas leurs pauvres balluchons
Qui nous transporteront notre emménagement.

Et ce ne sera pas ces savants petits-maîtres
Qui nous adorneront le jour du jugement.
Et ce ne sera pas ces lamentables êtres
Qui nous équiperont le jour du tremblement.

Et ce n'est pas ces fils et ces jeunes gandins
Qui nous adorneront le jour de la colère.
Et ce ne sera pas ces genets et ces daims,
Le jour du règlement et le jour du salaire.

Et ce ne sera pas leurs illustres travaux

Qui nous adorneront le jour de la colère.
Et ce ne sera pas ces poneys et ces veaux,
Le jour du dernier prix et du dernier salaire.

Et ce ne sera pas leur double ventricule
Qui nous fera bondir le sang de notre cœur.
Et ce ne sera pas leur double clavicule
Qui mettra notre épaule au genou du vainqueur.

Et ce ne sera pas leurs doubles oreillettes
Qui nous feront bondir le sang de notre cœur.
Et ce ne sera pas leurs savantes layettes
Qui mettront un enfant dans les stalles du chœur.

Et ce ne sera pas ces chefs du protocole
Qui nous introduiront dans un siècle plus beau.
Ce n'est pas ces barbons et ces maîtres d'école
Qui nous aligneront au sortir du tombeau.

Ce n'est pas ces huissiers et ces introducteurs
Qui nous introduiront dans un siècle plus beau.
Ce n'est pas ces massiers et ces ordonnateurs
Qui nous aligneront au sortir du tombeau.

Ce n'est pas ces boursiers et ces grands amateurs
Qui nous introduiront dans un monde nouveau.
Ce n'est pas ces peaussiers et ces profanateurs
Qui nous aligneront dans un dernier caveau.

Ce n'est pas ces glaciers et ces amateurs d'art
Qui nous introduiront dans un siècle plus beau.
Ce n'est pas ces placiers et ces vendeurs de lard
Qui prendront notre graisse au sortir du tombeau.

Ce n'est pas ces merciers et ces vendeurs de nard
Qui nous embaumeront notre vieille carcasse.
Ce n'est pas ces taupiers et ces vendeurs de fard
Qui nous ravaleront la peau de notre face.

Ce n'est pas ces sorciers et ces appariteurs
Qui nous feront entrer par la centrale porte.
Ce n'est pas ces sourciers et ces solliciteurs
Qui nous ranimeront notre carcasse morte.

Et ce ne sera pas ces maîtres corroyeurs
Qui feront un tapis des laines du troupeau.
Ce n'est pas ces brossiers et ces maîtres tanneurs
Qui sauront nous tanner le cuir avec la peau.

Et ce ne sera pas ces maigres donateurs
Qui seront à genoux dans le coin du tableau.
Et ce ne sera pas ces pauvres armateurs
Qui lanceront la barque errante au fil de l'eau.

Ce n'est pas ces lanciers et ces parfaits notables
Qui veilleront sur nous le jour de cette veille.
Ce n'est pas ces caissiers et ces parfaits comptables
Qui payeront pour nous le jour de cette paye.

Et nous sommes tombés dans le filet de Pierre
Parce que c'est Jésus qui nous l'avait lancé.
Et nous n'avons pas pu garder ce cœur de pierre
Parce que Jésus-Christ nous l'avait dépensé.

Ce n'est pas leurs longs doigts et leurs ongles limés
Qui nous arracheront des griffes du destin.
Ce n'est pas les reliefs de leur maigre festin
Qui ravitailleront des soldats décimés.

Ce n'est pas leurs beaux doigts et leurs ongles limés
Qui nous arracheront des griffes du destin.
Ce n'est pas les reliefs de leur maigre festin
Qui nous rassasieront nos ventres abîmés.

Ce n'est pas leurs doigts fins et leur ongles limés
Qui nous arracheront des griffes du destin.

Ce n'est pas les reliefs de leur maigre festin
Qui nous redresseront nos corps inanimés.

Ce n'est pas leur doigt mince et leurs ongles limés
Qui nous arracheront des griffes du destin.
Ce n'est pas les reliefs de leur maigre festin
Qui nous ranimeront nos corps désanimés.

Ce n'est pas leurs moiteurs qui chercheront nos fièvres
Parmi les orangers et les myrtes épais.
Ce n'est pas leurs museaux qui chercheront nos lèvres
Pour venir y poser notre baiser de paix.

Ce n'est pas leurs tiédeurs qui chercheront nos fièvres
Parmi les néfliers et les myrtes épais.
Ce n'est pas leurs museaux qui chercheront nos lèvres
Pour venir nous donner notre baiser de paix.

Ce n'est pas leurs candeurs qui trouveront nos lèpres
À l'ombre des pommiers et du péché mortel.
Ce n'est pas leurs museaux qui chanteront nos vêpres
Dans le dernier jardin sur le dernier autel.

Ce n'est pas leurs fadeurs qui trouveront nos fièvres
Parmi les cognassiers et les myrtes épais.
Ce n'est pas leurs museaux qui trouveront nos lèvres
Pour y placer enfin notre baiser de paix.

Ce n'est pas ces galants et ces parfaits gandins
Qui viendront nous chercher dans notre pourriture.
Ce n'est pas ces chalands et ces beaux muscadins
Qui viendront nous chercher dans la boue et l'ordure.

Ce n'est pas ces flamants et ces manche à balais
Qui nous balayeront notre vieille demeure.
Et ce ne sera pas ces grotesques valets,
Le jour du dernier terme et de la dernière heure.

Et ce ne sera pas ces maigres échassiers
Qui viendront nous porter notre pauvre besace.
Et ce ne sera pas ces pauvres carnassiers
Qui viendront nous manger notre maigre carcasse.

Et ce ne sera pas ces maigres besaciers
Qui porteront pour nous nos sacs de pénitence.
Et ce ne sera pas ces pauvres grimaciers,
Le jour de la détresse et de l'omnipotence.

Et ce ne sera pas ces pauvres plumassiers
Qui referont le lit de notre inadvertance.
Et ce ne sera pas ces maigres terrassiers,
Le jour de la justice et de la compétence.

Ce n'est pas ces plumeaux et ces manche à balais
Qui nous balayeront le seuil de notre porte.
Ce n'est pas ces grimauds et ces parfaits valets
Qui nous repouilleront notre dépouille morte.

Ce n'est pas ces marmots et ces manche à balais
Qui nous balayeront le devant de notre âme.
Et ces diseurs de mots et ces parfaits valets
Qui nous inclineront aux pieds de Notre Dame.

Et ce ne sera pas ces maîtres de relais
Qui nous feront courir notre dernière poste.
Et ce ne sera pas ces maîtres des délais
Qui feront consumer le dernier holocauste.

Ce n'est pas ces faquins et ces nobles varlets
Qui nous introduiront dans la vieille demeure.
Ce n'est pas ces coquins et ces maîtres de l'heure
Qui nous introduiront dans le dernier palais.

Et ce ne sera pas ces maîtres enquesteurs
Qui viendront nous chercher dans la tombe où nous sommes.
Et ce ne sera pas ces maîtres requesteurs,

Quand nous ne serons plus que de la cendre d'hommes.

Et ce ne sera pas ces nobles terrassiers
Qui viendront nous chercher dans la terre où nous sommes.
Et ce ne sera pas ces nobles poudriers,
Quand nous ne serons plus que de la poudre d'hommes.

Et ce ne sera pas ces maîtres des requêtes
Qui nous requêteront combien nous sommes vils.
Et ce ne sera pas ces maîtres des enquêtes
Qui nous enquêteront dans nos états-civils.

Et ce ne sera pas ces maîtres des requêtes
Qui nous requêteront dans les blés et les vignes.
Et ce ne sera pas ces maîtres des enquêtes
Qui nous remontreront que nous sommes indignes.

Et ce ne sera pas ces maîtres d'éloquence
Qui parleront pour nous dans les derniers tournois.
Et ce ne sera pas ces gens de conséquence
Qui nous harnacheront notre dernier harnois.

Et ce ne sera pas ces maîtres d'éloquence
Qui plaideront pour nous dans un dernier débat.
Et ce ne sera pas ces guerriers en vacance
Qui se battront pour nous dans un dernier combat.

Et ce ne sera pas ces maîtres du barreau
Qui plaideront pour nous dans un dernier procès.
Et ce ne sera pas ces valets de bourreau
Qui viendront nous crever notre dernier abcès.

Ce n'est pas leurs courants et leur haute fréquence
Qui nous fera jaillir le sang de nos artères.
Ce n'est pas leur bavette et leur grandiloquence
Qui viendra nous chercher dans nos tacites terres.

Ce n'est pas ces portiers et ces grands-chambellans

Qui nous feront passer par la dernière porte.
Ce n'est pas ces courtiers avec leurs bras ballants
Qui nous ramasseront notre dépouille morte.

Ce n'est pas ces courtauds et ces portiers-consignes
Qui nous feront passer dans nos appartements.
Ce n'est pas ces rustauds et ces gardes-insignes
Qui viendront nous chercher dans les départements.

Ce n'est pas ces badauds et ces messieurs très dignes
Qui viendront nous chercher dans notre pourriture.
Ce n'est pas ces bedeaux et ces porte-bouture
Qui viendront nous chercher dans nos blés et nos vignes.

Et ce ne sera pas ce maîtres des requêtes
Qui nous aligneront dans la dernière ligne.
Et ce ne sera pas ces maîtres des enquêtes,
Sous nos derniers drapeaux et sous un divin signe.

Ce n'est pas ces portiers et ces grands-chambellans
Qui nous feront passer dans la dernière chambre.
Ce n'est pas ces courtiers avec leur bras ballants,
Par la porte de corne et par la porte d'ambre.

Ce n'est pas ces portiers et ces grands-chambellans
Par la porte d'ivoire et la porte de corne.
Ce n'est pas ces courtiers avec leurs bras ballants,
Par la porte de chêne et par la porte d'orne.

Ce n'est pas ces portiers et ces grands-chambellans
Qui nous feront tourner le coin de cette borne.
Ce n'est pas ces courtiers avec leurs bras ballants,
Par la porte de hêtre et la porte d'orne.

Ce n'est pas ces portiers et leurs clefs dans le dos
Qui nous feront sauter la dernière serrure.
Ce n'est pas ces courtiers et ces porte-ferrure
Qui nous ramasseront les cendres de nos os.

Une autre, une autre clef nous ouvrira la porte.
Un autre porte-clefs en a tout un trousseau.
Un autre gardien-chef sous le dernier vousseau
Regarde, et pense encore au lac de la Mer Morte.

Une autre, une autre clef, faite d'une autre sorte,
Nous réintégrera dans le premier berceau.
Un vieux avec sa barbe, assis sous un arceau,
Regarde, et pense encore aux bords de la Mer Morte.

Une autre, une autre clef, ouvrant une autre porte,
Nous laissera passer. Un maître de péniche,
Un vieux à barbe blanche assis dans une niche
Regarde, et pense encore au lit de la Mer Morte.

Ce n'est pas leurs onguents et leurs pots de tisanes
Qui nous ravaleront une carcasse usée.
Ce n'est pas leurs ferments et leurs amours profanes
Qui réanimeront l'âme désabusée.

Ce n'est pas ces drapiers et ces porte-rideaux
Qui viendront nous border dans notre dernier lit.
Ce n'est pas ces fripiers et ces porte-cadeaux
Qui réanimeront un corps enseveli.

Ce n'est pas ces tripiers et ces porte-boyaux
Qui viendront démêler le fil de nos entrailles.
Ce n'est pas ces pompiers et ces porte-tuyaux
Qui viendront nous chercher parmi nos funérailles.

Ce n'est pas ces tripiers et ces porte-boyaux
Qui viendront dévider le fil de nos entrailles.
Ce n'est pas ces taupiers et ces porte-hoyaux
Qui viendront nous chercher parmi nos funérailles.

Ce n'est pas ces croupiers et ces porte-râteaux
Qui nous ramasseront sur un dernier tapis.

Ce n'est pas ces troupiers et ces derniers képis
Que l'on verra passer sur les derniers plateaux.

Ce n'est pas ces lanciers et ces porte-couronnes
Qui viendront nous chercher dans notre monument.
Ce n'est pas ces messieurs et ces porte-colonnes
Qui viendront nous chercher dans notre bâtiment.

De plus chastes Vertus et non pas moins luronnes
Viendront nous réveiller dans notre monument.
De plus augustes mains et non pas moins patronnes
Viendront nous relever dans notre bâtiment.

De plus hautes vertus et un peu moins baronnes
Viendront nous réveiller dans notre monument.
Des saintes bien en cour et non pas moins patronnes
Viendront nous relever dans notre bâtiment.

Ce n'est pas ces drapiers et ces porte-rideaux
Qui viendront nous fermer notre dernière alcôve.
Mais la foi qui nous garde et la foi qui nous sauve
Saura nous ramasser sur nos derniers radeaux.

De plus chastes vertus un peu moins mijaurées
Viendront nous ramasser dans notre pourriture.
De plus augustes mains un peu moins dédorées
Viendront nous ramasser dans la lèpre et l'ordure.

Ce n'est pas ces gabiers et ces porte-lanternes
Qui viendront nous veiller dans notre dernier lit.
Ce n'est pas ces troupiers et ces portes-gibernes
Qui réanimeront un être enseveli.

Ce n'est pas leurs barbiers et leur savon moderne
Qui nous feront le poil, et le cuir et la peau.
Et ce ne sera pas leurs pavillons en berne
Qui nous remplaceront notre unique drapeau.

Et ce ne sera pas ces portiers de caserne
Qui nous installeront dans nos casernements.
Et ce ne sera pas ces portiers de taverne
Qui nous installeront dans nos gouvernements.

Et ce ne sera pas ces buveurs de falernes
Qui nous remplaceront le vin du dernier jour.
Et ce ne sera pas ces buveurs de sauternes,
Le vin du dernier sang et du dernier amour.

Et ce ne sera pas ces buveurs d'ambroisies
Qui nous remplaceront le vin du dernier jour.
Et ce ne sera pas leurs bouteilles moisies,
Le vin du sacrifice et du dernier amour.

Et ce ne sera pas ces buveurs d'ambroisies
Qui nous remplaceront le vin du dernier jour.
Et ce ne sera pas leurs bouteilles choisies,
Le sang du sacrifice et du dernier amour.

Et ce ne sera pas ces garçons d'abattoir
Qui nous ramasseront le sang du dernier jour.
Et ce ne sera pas ces valets de comptoir
Qui nous ramasseront notre dernier amour.

Et ce ne sera pas ces maîtres de lavoir
Qui sauront nous laver notre vieille guénille.
Et ce ne sera pas ces fils d'une illustre famille
Qui descendront pour nous la pente du guévoir.

Et ce ne sera pas ces maîtres de dortoir
Qui viendront nous border dans des lits de prison.
Et ce n'est pas ces fils d'une illustre maison
Qui viendront nous chercher dans notre dépotoir.

Et ce ne sera pas ces princes du grattoir
Qui nous remplaceront une autre signature.
Et ce ne sera pas leurs cordons en sautoir

Qui nous rattacheront notre double nature.

Et ce ne sera pas ces fils d'apothicaires
Qui nous ramasseront sur le bord d'un trottoir.
Et ce ne sera pas ces mornes antiquaires
Qui nous ramasseront au bas d'un accotoir.

Et ce ne sera pas ces hauts fonctionnaires
Qui nous ramasseront le long d'un décrottoir.
Et ce ne sera pas ces sots factionnaires
Qui heurteront la porte en levant le heurtoir.

Et ce ne sera pas leur traitement externe
Qui nous fera sortir de notre pourriture.
Mais la foi qui nous sauve et seule nous discerne
Saura nous retrouver dans la poudre et l'ordure.

Et ce ne sera pas par leur usage externe
Que nous nous lèverons de notre pourriture.
Mais la foi qui nous sauve et seule nous discerne
Saura nous retrouver dans la fange et l'ordure.

Et ce ne sera pas leurs boîtes de conserve
Qui feront notre espoir et notre nourriture.
Mais la foi qui nous sauve et seule nous conserve
Saura nous retrouver dans cette pourriture.

Et ce ne sera pas leur extrême réserve
Qui fera notre règle et notre nourriture.
Mais la foi qui nous sauve et seule nous conserve
Saura nous retrouver dans cette pourriture.

Et ce ne sera pas leur suprême élégance
Qui nous fera laisser le peu que nous savons.
Et ce ne sera pas leur extrême arrogance
Qui nous fera baisser les yeux que nous avons.

Ce n'est pas leur tutelle et leurs augustes bourdes

Qui nous déplaceront la borne du chemin.
Ce n'est pas leur chandelle et leurs lanternes sourdes
Qui nous remplaceront le soleil de demain.

Et ce n'est pas leur bore et leurs vapeurs de soufre
Qui viendront nous blanchir de nos abjections.
Et ce n'est pas leur chlore et leurs objections
Qui viendront nous tirer du fond du dernier gouffre.

Et ce n'est pas leur bore et leurs vapeurs de soufre
Qui viendront nous blanchir nos derniers ossements.
Et ce n'est pas leur chlore et leurs exhaussements
Qui viendront nous tirer du fond du dernier gouffre.

Ce n'est pas leurs talus et leurs adossements
Qui feront un rempart à notre humble poussière.
Et ce ne sera pas ces porte-gibecière
Qui nous ramasseront nos derniers ossements.

Ce n'est pas leurs saluts et leurs endossements
Qui payeront pour nous le jour de la contrainte.
Et ce ne sera pas ces professeurs de crainte
Qui nous ramasseront nos derniers ossements.

Et ce ne sera pas ces porteurs de contraintes
Qui payeront pour nous le jour de la saisie.
Et ce ne sera pas ces professeurs d'étreintes,
Le jour de la quittance et de l'apostasie.

Et ce ne sera pas parmi leurs labyrinthes
Que nous égarerons les pas que nous ferons.
Et ce ne sera pas en suivant leurs empreintes
Que nous disperserons le peu que nous serons.

Et ce ne sera pas dans leurs maigres enceintes
Que nous rassemblerons notre dernier débris.
Et ce ne sera pas ces professeurs d'astreintes
Qui viendront nous chercher dans notre grand Paris.

Et ce ne sera pas leurs pauvres fantaisies
Qui nous feront entrer dans un siècle plus beau.
Et ce ne sera pas leurs plates frénésies
Qui nous feront marcher au sortir du tombeau.

Et ce ne sera pas leurs plates poésies
Qui nous introduiront dans un siècle nouveau.
Et ce ne sera pas leurs pauvres hérésies
Qui viendront nous chercher dans le dernier caveau.

Et ce ne sera pas leurs maigres fantaisies
Qui guideront nos pas vers un siècle nouveau.
Et ce ne sera pas leurs plates frénésies
Qui viendront nous chercher dans un dernier caveau.

Et ce ne sera pas parmi leurs aphasies
Que nous rechercherons le Verbe nouveau-né.
Et ce ne sera pas leurs paronomasies
Qui nous baptiseront notre Verbe incarné.

Et ce ne sera pas parmi leurs aphasies
Que nous rechercherons le Verbe couronné.
Et ce ne sera pas leurs paronomasies
Qui nous baptiseront le Verbe unique-né.

Et ce ne sera pas parmi leurs aphasies
Que nous rechercherons le nom du mois de mai.
Et ce ne sera pas leurs paronomasies
Qui nous indiqueront le nom du bien-aimé.

Et ce ne sera pas leurs tonneaux d'ambroisie
Qui nous remplaceront le vin du dernier jour.
Et ce ne sera pas leurs fleurs de malvoisie,
Le vin du dernier sang et du dernier amour.

Et ce ne sera pas à leurs analgésies
Que nous demanderons l'oubli de la douleur.

Et ce ne sera pas à leurs anesthésies,
L'oubli de la souffrance et l'oubli du malheur.

Et ce ne sera pas leurs palingénésies
Qui nous réveilleront d'entre les pâles morts.
Et ce ne sera pas leurs hyperesthésies
Qui nous feront sentir le plus horrible mors.

Et ce ne sera pas parmi leurs amnésies
Que nous rechercherons la plus haute mémoire.
Et ce ne sera pas dans leurs Polynésies
Que nous rechercherons le temple de la gloire.

Et ce ne sera pas dans leurs paralysies
Que nous irons chercher le jeu de notre coude.
Et ce ne sera pas dans leurs cendres de soude
Que nous irons laver nos pâles jalousies.

Et ce ne sera pas dans leurs paralysies
Que nous rechercherons le jeu de notre nuque.
Et ce ne sera pas dans leurs hydropisies
Que nous retrouverons une force caduque.

Et ce ne sera pas dans leurs hydropisies
Que nous retrouverons le sang de notre ventre.
Et ce ne sera pas dans leurs hypocrisies
Que nous retrouverons notre axe et notre centre.

Et ce ne sera pas dans leurs paralysies
Que nous rechercherons le jeu de nos genoux.
Et nous ne mettrons pas dans leurs apostasies
L'appareil de ce cœur qui ne bat que pour vous.

Et ce ne sera pas dans leur Aphrodisies
Que nous irons veiller un misérable feu.
Et ce ne sera pas dans leurs Dionysies
Que nous demanderons ce que c'est que d'un Dieu.

Et ce ne sera pas dans leur Papouasie
Que nous rechercherons ce que c'est qu'un haut lieu.
Mais c'est sur un haut lieu de l'éternelle Asie
Que nous avons connu ce que c'est que d'un Dieu.

Et ce ne sera pas parmi leur Caucasie
Que nous irons chercher un temple de la gloire.
Mais c'est beaucoup plus près et dans notre Austrasie
Que nous avons connu nos temples de mémoire.

Et ce ne sera pas parmi leur Malaisie
Que nous irons chercher une âme plus profonde.
Et ce ne sera pas parmi leur Silésie
Que nous irons placer la flèche unique au monde.

Mais c'est beaucoup plus près, dans notre plate Beauce,
Que nous avons dressé la flèche inimitable.
Et c'est ici tout près, dans une étroite fosse,
Que viendra nous chercher notre grand connétable.

Et ce ne sera pas parmi leurs hérésies
Que nous rechercherons notre dernier destin.
Et ce ne sera pas dans leurs Mélanésies
Que nous verrons lever notre dernier matin.

Et ce ne sera pas dans leur Micronésie
Qu'on nous convoquera pour un dernier festin.
Mais c'est beaucoup plus près, dans notre Tunisie,
Que nous avons connu le grand saint Augustin.

Et ce ne sera pas dans une île lointaine
Qu'on sonnera pour nous notre suprême glas.
Mais c'est beaucoup plus près, et dans notre Lorraine,
Que nous avons connu le grand saint Nicolas.

Et ce ne sera pas ces faussement paternes
Qui nous remplaceront un père paternel
Et ce ne sera pas leurs antiques lanternes

Qui nous remplaceront le soleil éternel.

Et ce ne sera pas leurs lampadaires ternes
Qui nous remplaceront un soleil solennel.
Et ce ne sera pas leurs grimaces paternes
Qui nous remplaceront notre père éternel.

Et ce ne sera pas ces simili faux frères
Qui nous remplaceront un frère fraternel.
Et ce ne sera pas leurs simili misères
Qui nous remplaceront un ventre maternel.

Et ce ne sera pas leurs simili misères
Qui nous introduiront aux siècles absolus.
Et ce ne sera pas ces simili faux frères
Qui nous remplaceront notre frère Jésus.

Et ce ne sera pas ces simili baigneurs
Qui nous introduiront aux climats absolus.
Et ce ne sera pas ces simili seigneurs
Qui nous remplaceront notre seigneur Jésus.

Et ce ne sera pas ces simili fraudeurs
Qui nous introduiront aux sources résolues.
Et ce ne seront pas ces simili grandeurs
Qui nous introduiront aux grandeurs absolues.

Et ce ne sera pas leurs simili tendresses
Qui nous remplaceront un mot de notre mère.
Et ce ne sera pas leurs simili détresses
Qui nous remplaceront une auguste misère.

Et ce ne sera pas leurs simili caresses
Qui nous remplaceront les yeux de notre mère.
Et ce ne sera pas leurs simili détresses
Qui nous remplaceront une juste misère.

Et ce ne sera pas leurs savants aqueducs

Qui nous remplaceront une source tarie.
Et ce ne sera pas leurs miracles caducs
Qui nous remplaceront notre mère Marie.

Et ce ne sera pas dans leurs bateaux-lavoirs
Qu'on nous effacera la tache originelle.
Et ce ne sera pas parmi leurs abreuvoirs
Que nous étancherons notre fièvre charnelle.

Seule vous le savez nos soirs du mois de mai
Ne valent pas le quart de vos plus durs décembres.
Et notre plus beau soir et le plus embaumé
N'est qu'un pâle reflet de vos mornes novembres.

Et ce ne sera pas ces suprêmes gandins
Qui viendront nous chercher sous nos couches d'humus.
Et ce ne sera pas ces genets et ces daims
Qui viendront nous chanter un dernier orémus.

Et ce ne sera pas ces maîtres de dédains
Qui viendront nous chercher sous nos couches d'humus.
Et ce ne sera pas ces professeurs soudains
Qui viendront nous sonner un dernier angélus.

Et ce ne sera pas ces allumeurs de gaz
Qui viendront nous chercher dans nos pâles ténèbres.
Ce n'est pas Joachaz et ce n'est pas Achaz
Qui viendront nous chercher sur nos couches funèbres.

Et ce ne sera pas ces pâles allumeurs
Qui nous éblouiront de l'éclat de leurs becs.
Et ce ne sera pas sur le banc des rameurs
Que nous nous chaufferons au feu de ces cœurs secs.

Et ce ne sera pas ces pâles rétameurs
Qui nous radouberont notre dernier vaisseau.
Et ce ne sera pas ces pâles embaumeurs
Qui nous restitueront notre premier berceau.

Et ce ne sera pas leurs pâles réverbères
Qui nous jalonneront notre dernier chemin.
Et ce ne sera pas leurs vertus exemplaires
Qui nous embaumeront notre dernier demain.

Et ce ne sera pas à leur sens des affaires
Que nous aurons recours dans notre économat.
Et ce ne sera pas à leurs calorifères
Que nous demanderons de nous faire un climat.

Ce n'est pas leur entente et leur sens des affaires
Qui rameront pour nous sur nos derniers trois-mâts.
Et ce ne sera pas à leurs calorifères
Que nous nous chaufferons dans ces derniers frimas.

Et ce ne sera pas à leur goût des affaires
Que nous fierons nos cœurs et notre économie.
Et ce ne sera pas à leurs calorifères
Que nous réchaufferons une peine endormie.

Et ce ne sera pas ces maigres donateurs
qui viendront nous chercher dans nos pâles ténèbres.
Et ce ne sera pas ces lourds ordonnateurs
Qui nous encadreront dans leurs pompes funèbres.

Et ce ne sera pas ces beaux archéologues
Qui viendront nous chercher dans nos pâles décombres.
Et ce ne sera pas ces savants mystagogues
Qui viendront nous tirer du royaume des ombres.

Et ce ne sera pas ces parfaits nettoyeurs
Qui viendront nous chercher parmi les détritus.
Et ce ne sera pas ces maîtres fossoyeurs
Qui nous réciteront notre dernier *Agnus*.

Et ce ne sera pas ces auteurs délicats
Qui viendront nous chercher dans nos derniers humus.

Et ce ne sera pas ces savants candidats
Qui nous réciteront notre dernier *Deus*.

Et ce ne sera pas ces robes d'avocats
Qui viendront nous chercher dans nos derniers humus.
Et ce ne sera pas ces parfaits renégats
Qui forceront pour nous les portes du blocus.

Ce n'est pas ces penseurs et ces hommes d'États
Qui viendront nous chercher dans notre insuffisance.
Et ce ne sera pas ces hardis potentats
Qui nous mettront jamais au chemin de plaisance.

Et ce ne sera pas ces courtauds de boutiques
Qui viendront nous chercher dans notre négligence.
Et ce ne sera pas ces marquis authentiques
Qui nous mettront jamais au chemin d'allégeance.

Et ce ne sera pas ces maîtres parfumeurs
Qui viendront nous trier d'entre nos immondices.
Et ce ne sera pas ces chercheurs de blandices
Qui viendront nous tirer de nos mauvaises mœurs.

Et ce ne sera pas ces maigres chiffonniers
Qui viendront nous trier les déchets de nos corps.
Et ce ne sera pas ces grêles nautonniers
Qui viendront nous tirer d'entre les pâles morts.

Et ce ne sera pas ces hommes d'importance
Qui viendront ramasser notre dernier débris.
Ce n'est pas leur jactance et leur intermittence
Qui viendra nous chercher dans notre vieux Paris.

Et ce ne sera pas ces gens de conséquence
Qui viendront ramasser notre corps et notre âme.
Et ce ne sera pas ces maîtres d'éloquence
Qui viendront nous chercher aux pieds de Notre Dame.

Et ce ne sera pas ces gens d'extrêmes goûts
Qui viendront nous chercher dans notre inconsistance.
Ce n'est pas leur jactance et leur belle prestance
Qui viendra nous chercher dans le fond des égouts.

Et ce ne sera pas leurs vieux fonds de citerne
Qui nous remplaceront une source profonde.
Et ce ne sera pas ces premiers rois du monde
Qui nous feront passer la dernière poterne.

Et ce ne sera pas ces restants de citerne
Qui nous remplaceront une source d'eau vive.
Et ce ne sera pas leur pâle défensive
Qui nous fera passer la dernière poterne.

Et ce ne sera pas ces égouts de citerne
Qui nous remplaceront une source profonde.
Et ce ne sera pas ces illustres du monde
Qui nous feront passer la dernière poterne.

Seule, nous le savons, une dure offensive
Nous livrera la porte, et le pont, et la herse.
Seule, nous le savons, une rude lessive
Lavera les effets de ce double commerce.

Seule, nous le savons, une dure offensive
Nous livrera la porte et le pont du fossé.
Seule, nous le savons, une rude lessive
Lavera le restant de ce double passé.

Seule, nous le savons, une dure offensive
Nous livrera la porte et le pont du fossé.
Seule, nous le savons, une rude lessive
Effacera les pas de l'ombre du passé.

Et ce ne sera pas ces chasseurs de casquettes
Qui nous emporteront dans leurs maigres carniers.
Et ce ne sera pas ces maîtres des requêtes

Qui viendront nous chercher dans nos pauvres charniers.

Et ce ne sera pas ces chasseurs de casquettes
Qui nous emporteront parmi leurs gibecières.
Et ce ne sera pas ces maîtres des enquêtes
Qui nous feront lever de nos mornes glacières.

Et ce ne sera pas ces colleurs d'étiquettes
Qui poseront sur nous la dernière formule.
Et ce ne sera pas ces chasseurs de conquêtes
Qui pèseront sur nous le gramme et le scrupule.

Et ce ne sera pas ces courtiers de basoches
Qui régleront pour nous l'ordre de la procédure.
Et ce ne sera pas ces chercheurs d'anicroches
Qui viendront nous chercher dans le trouble et l'ordure.

Et ce ne sera pas ces chasseurs de casquettes
Qui nous emporteront parmi leurs gibecières
Et ce ne sera pas ces joueurs de raquettes
Qui viendront nous chercher dans nos humbles poussières.

Et ce ne sera pas ces élégants bancroches
Qui nous enseigneront ce que c'est que marcher.
Et ce ne sera pas ces candides fantoches
Qui nous enseigneront ce que c'est que pécher.

Et ce ne sera pas ces essayeurs de roches
Qui nous enseigneront l'ordre de la matière.
Et ce ne sera pas leurs cinquantuples croches
Qui nous réveilleront dans notre cimetière.

Et ce ne sera pas ces découpeurs de roches
Qui nous révéleront le secret de matière.
Et ce ne sera pas ces essayeurs de croches
Qui nous réveilleront dans notre cimetière.

Et ce ne sera pas tous ces vide-goussets

Qui payeront pour nous de l'argent de nos poches.
Et ce ne sera pas tous ces tourneurs de broches
Qui nous enseigneront un ordre que je sais.

Et ce ne sera pas tous ces passe-lacets
Qui payeront pour nous le jour du dernier terme.
Et ce ne sera pas ces frotteurs d'épiderme
Qui nous enseigneront un terme que je sais.

Et ce ne sera pas tous ces lace-corsets
Qui nous arracheront de la dernière étreinte.
Et ce ne sera pas ces porteurs de contrainte
Qui nous enseigneront un terme que je sais.

Et ce ne sera pas tous ces cache-corsets
Qui nous arracheront d'un autre embrassement.
Ce n'est pas leurs cordons et leur enlacement
Qui nous enseigneront le seul nœud que je sais.

Et ce ne sera tous ces petits poucets
Qui nous arracheront d'un autre enlacement.
Et ce n'est pas leur botte et leur entassement
Qui nous enseigneront le seul pas que je sais.

Et ce ne sera pas tous ces petits poucets
Qui nous apporteront des bottes de sept lieues
Et ce ne sera pas ces nouveaux Barbe-Bleues
Qui nous enseigneront un meurtre que je sais.

Et ce ne sera pas tous ces petits poucets
Qui nous arracheront de la maison de l'ogre.
Ce n'est pas leur boussole et ce n'est pas leur dogre
Qui nous enseignera le seul nord que je sais.

Et ce ne sera pas tous ces petits poucets
Qui nous installeront dans une autre chaumière.
Ce n'est pas leurs cailloux et leur pauvre lumière
Qui nous enseigneront un château que je sais.

Et ce ne sera pas tous ces petits poucets
Qui nous installeront dans la candeur première.
Ce n'est pas leurs cailloux et leur pauvre lumière
Qui nous enseigneront un jardin que je sais.

Et ce ne sera pas tous ces petits poucets
Qui nous transporteront dans de plus nobles cieux.
Ce n'est pas leur lumière et leur main sur les yeux
Qui nous enseigneront notre dernier palais.

Et ce ne sera pas ces portiers d'anicroches
Qui nous transporteront dans un unique lieu.
Et ce ne sera pas tous ces courtiers bancroches
Qui nous enseigneront à marcher devant Dieu.

Et ce ne sera pas tous ces déménageurs
Qui nous installeront notre dernier ménage.
Et ce ne sera pas ces maîtres ménageurs
Qui feront notre firme et notre patronage.

Et ce ne sera pas ces porteurs de sacoches
Qui nous introduiront par la porte d'érable.
Et ce ne sera pas ces amateurs de croches
Qui nous enseigneront un chœur inaltérable.

Et ce ne sera pas ces gros déménageurs
Qui nous emporteront notre pauvre ménage.
Et ce ne sera pas tous ces maîtres-nageurs
Qui rameront pour nous dans le dernier naufrage.

Et ce ne sera pas ces montants de guichets
Qui nous encaisseront notre pauvre recette.
Et ce ne sera pas ces fraudeurs de péchés
Qui nous décaisseront l'argent de notre dette.

Et ce ne sera pas dans leurs étuis-musettes
Qu'ils nous transporteront le pain de chaque jour.

Et ce ne sera pas dans leurs sacs d'amusettes
Que nous transposerons notre dernier amour.

Et ce ne sera pas dans leurs étuis-musettes
Que nous transporterons le pain du dernier jour.
Et ce ne sera pas dans leurs sacs d'amusettes
Que nous transposerons notre premier amour.

Et ce ne sera pas tous ces Petits Poucets
Qui nous arracheront d'un grave enchaînement.
Et ce n'est pas leur trône et leur avènement
Qui nous arrachera la chaîne que je sais.

Et ce ne sera pas ces héros d'antichambres
Qui nous introduiront dans un dernier réduit.
Et ce ne sera pas ces simili Sicambres
Qui nous feront passer dans le dernier déduit.

Et ce ne sera pas ces héros de bastilles
Qui nous feront passer la Moselle et la Sambre.
Et ce ne sera pas ces marchands de pastilles
Qui nous ferons passer dans un dernier décembre.

Ce n'est pas ces cutters et ces chasse-marées
Qui viendront nous chercher dans un sauvage port.
Et ce ne sera pas leurs troupes chamarrées
Qui viendront nous lever d'une sordide mort.

Et ce ne sera pas tous ces caquets bons becs
Qui nous remplaceront le triple *Gloria*.
Et ce ne sera pas tous leur salamalecs
Qui nous remplaceront un *Ave, Maria*.

Et ce ne sera pas ces illustres blancs-becs
Qui nous remplaceront le triple *Hosanna*.
Et ce ne sera pas tous leurs salamalecs
Qui nous remplaceront un *Salve, regina*.

Et ce ne sera pas leurs illustres bons mots
Qui nous remplaceront une auguste parole.
Et ce ne sera pas ces beaux maîtres d'école
Qui viendront nous chercher dans nos derniers hameaux.

Et ce ne sera pas ces diseurs de bons mots
Qui nous remplaceront une illustre parole.
Et ce ne sera pas dans leurs maisons d'école
Que nous apporterons l'oubli de tous les maux.

Et ce ne sera pas ces faiseurs de bons mots
Qui nous remplaceront une antique parole.
Et ce ne sera pas ces beaux maîtres d'école
Qui viendront nous chercher au fin fond des hameaux.

Et ce ne sera pas leurs vagues hyperboles
Qui nous remplaceront un authentique Verbe.
Et ce ne sera pas leurs outils agricoles
Qui nous auront lié notre éternelle gerbe.

Et ce ne sera pas ces amateurs de mots
Qui nous remplaceront l'auguste parabole.
Et ce ne sera pas leur comice agricole
Qui nous remplacera notre jour des Rameaux

Et ce ne sera pas ces inventeurs de gestes
Qui viendront nous chercher nos corps involontaires.
Et ce ne sera pas tous ces complémentaires
Qui viendront nous chercher nos déplorables restes.

Et ce ne sera pas ces débiteurs de gestes
Qui viendront nous chercher nos corps élémentaires.
Et ce ne sera pas tous ces supplémentaires
Qui viendront nous chercher nos lamentables restes.

Et ce ne sera pas ces professeurs de gestes
Qui nous ramasseront nos corps sans commentaires.
Et ce ne sera pas tous ces parlementaires

Qui nous recueilleront nos misérables restes.

Et ce ne sera pas ces raisonneurs de gestes
Qui nous ramasseront nos corps héréditaires.
Et ce ne sera pas tous ces réglementaires
Qui viendront nous chercher nos périssables restes.

Et ce ne sera pas ces connaisseurs de gestes
Qui viendront nous chercher dans nos plus pauvres terres.
Et ce ne sera pas tous ces propriétaires
Qui viendront nous chercher nos détestables restes.

Et ce n'est pas leur chlore et leurs bains sulfureux
Qui viendront nous blanchir notre pauvre carcasse.
Et ce ne sera pas ces faiseurs de grimace
Qui viendront nous chercher quand nous serons affreux.

Et ce ne sera pas ces fâcheux prétendants
Qui banderont un arc dans le palais d'Ulysse.
Et ce ne sera pas ces fameux intendants
Qui boiront la lumière et le vin du calice.

Et ce ne sera pas ces fâcheux prétendants
Qui banderont un arc dans le palais d'Ulysse.
Et ce ne sera pas ces fameux intendants
Qui boiront l'amertume et le sang du calice.

Et ce ne sera pas ces fâcheux prétendants
Qui banderont un arc dans le palais d'Ulysse.
Et ce ne sera pas ces fameux intendants
Qui boiront la poussière et le sang du calice.

Et ce ne sera pas ces grêles soupirants
Qui feront le pourchas de cette illustre veuve.
Et ce ne sera pas ces frêles aspirants
Qui s'en iront lutter dans les roseaux du fleuve.

Et ce ne sera pas ces grêles soupirants

Qui feront le pourchas d'une faussement veuve.
Et ce ne sera pas ces frêles aspirants
Qui pourront triompher dans la dernière épreuve.

Et ce ne sera pas ces grêles soupirants
Qui feront le pourchas d'une censément veuve.
Et ce ne sera pas ces frêles aspirants
Qui seront revêtus de la tunique neuve.

Et ce ne sera pas ces grêles soupirants
Qui feront le pourchas d'une prudente veuve.
Et ce ne sera pas ces frêles aspirants
Qui seront revêtus d'une naissance neuve.

Et ce ne sera pas ces grossiers soupirants
Qui verront le pourchas de la plus fine toile.
Et ce ne sera pas ces grossiers aspirants
Qui verront se lever la plus candide étoile.

Et ce ne sera pas ces grossiers prétendants
Qui verront le pourchas d'une faussement toile.
Et ce ne sera pas ces grossiers intendants
Qui rangeront le mât d'avec la toile à voile.

Et ce ne sera pas ces grossiers soupirants
Qui verront le pourchas d'une prudente toile.
Et ce ne sera pas ces grossiers aspirants
Qui verront se lever le plus candide voile.

Et ce ne sera pas ces brumeux prétendants
Qui feront le pourchas d'une autre Pénélope.
Et ce ne sera pas ces fameux intendants
Qui sauront se sortir de l'antre du Cyclope.

Ce n'est pas ces préteurs et ces inaccessibles
Qui nous introduiront dans un dernier État.
Ce n'est pas ces questeurs et ces inamovibles
Qui nous feront entrer dans le dernier sénat.

Ce n'est pas ces galants et ces beaux ténébreux
Qui viendront nous chercher dans notre turpitude.
Ce n'est pas ces savants et ces maîtres d'étude
Qui viendront nous chercher quand nous serons affreux.

Ce n'est pas leur peau mate et leur face polie
Qui viendra nous chercher dans notre enterrement.
Ce n'est pas leur peau plate et leur effarement
Qui viendra nous lever notre mélancolie.

Ce n'est pas leur peau grasse et leur lèvre jolie
Qui viendra nous chercher dans notre enterrement.
C'est n'est pas leur peau basse et leur effleurement
Qui viendra nous lever notre mélancolie.

Ce n'est pas un poignard dans une panoplie
Qui combattra pour nous un suprême combat.
Et ce ne sera pas leur éternel débat
Qui viendra nous lever notre mélancolie.

Ce n'est pas ces nerveux et ces beaux soupirants
Qui viendront nous chercher dans nos dépositoires.
Et ce ne sera pas nos professeurs d'histoires
Qui feront le cortège et déferont les rangs.

Ce n'est pas ces verveux et tous ces museaux secs
Qui viendront nous chercher dans nos anciens espaces.
Et ce ne sera pas nos professeurs de grecs
Qui régleront la pompe et marqueront les places.

Et ce ne sera pas tous ces télépathiques
Qui viendront nous chercher dans notre isolement.
Et ce ne sera pas tout leur affolement
Qui pourra soulever nos membres apathiques.

Ce n'est pas ces fameux prestidigitateurs
Qui viendront nous chercher dans notre éloignement.

Et ce ne sera pas tout leur besognement
Qui les empêchera d'être des amateurs.

Ce n'est pas ces fiévreux et ces agitateurs
Qui viendront nous chercher dans notre solitude.
Et ce ne sera pas leur éternelle étude
Qui les empêchera d'être des orateurs.

Ce n'est pas ces crémeux et ces grands géographes
Qui viendront nous chercher dans des pays perdus.
Ce n'est pas ces spumeux et ces beaux cartographes
Qui pourront soulever nos membres détendus.

Ce n'est pas ces vitreux et ces machinateurs
Qui remettront en route un mécanisme usé.
Ce n'est pas ces cercleux et ces profanateurs
Qui baiseront les mains d'un Dieu désabusé.

Ce n'est pas ces gommeux et ces beaux topographes
Qui sauront nous trouver l'impérissable lieu.
Ce n'est pas ces messieurs et ces lexicographes
Qui sauront nous trouver l'inaltérable Dieu.

Et ce ne sera pas ces historiographes
Qui viendront nous chercher par des chemins rompus.
Et ce ne sera pas ces tourneurs de carafes
Qui viendront soulever nos membres corrompus.

Et ce ne sera pas ces graveurs d'épitaphes
Qui nous feront passer les ponts interrompus.
Et ce ne sera pas ces auteurs d'autographes
Qui viendront soulever nos membres corrompus.

Et ce ne sera pas ces maîtres d'orthographes
Qui nous feront passer par les ponts suspendus.
Et ce ne sera pas ces auteurs de paraphes
Qui pourront soulever nos membres détendus.

Et ce ne sera pas ces faiseurs d'épigraphes
Qui nous introduiront à la source de l'être.
Et ce ne sera pas ces sténobiographes
Qui viendront nous chercher dans la ronce et le hêtre.

Et ce ne sera pas ces téléphonographes
Qui nous introduiront aux racine de l'être.
Et ce ne sera pas ces sténologographes
Qui viendront nous chercher dans la ronce et le hêtre.

Et ce ne sera pas leurs jeux interrompus.
Qui nous feront gagner la partie éternelle.
Et ce ne sera pas leur vigueur solennelle
Qui pourra nous lever nos membres corrompus.

Et ce ne sera pas leurs mots interrompus
Qui nous feront gagner la centrale partie.
Et ce ne sera pas leur vigueur départie
Qui pourra soulever nos membres corrompus.

Et ce ne sera pas leurs savants pronostic
Qui nous révéleront notre dernier demain.
Et ce ne sera pas leurs gestes et leurs tics
Qui nous relèveront de la main à la main.

Et ce ne sera pas leurs savants pronostics
Qui nous dévoileront notre dernier demain.
Et ce ne sera pas leurs gestes et leurs tics
Qui nous mettront l'obole au creux de notre main.

Et ce ne sera pas leurs fâcheux pronostics
Qui nous feront lever notre dernier demain.
Et ce ne sera pas leurs gestes et leurs tics
Qui viendront nous chercher et nous prendre la main.

Et ce ne sera pas leurs douteux pronostics
Qui nous éclaireront notre dernier demain.
Et ce ne sera pas leurs gestes et leurs tics

Qui viendront nous laver le sang de notre main.

Et ce ne sera pas leurs savantes tactiques
Qui nous emporteront dans un dernier débat.
Et ce ne sera pas leurs creuses balistiques
Qui nous feront gagner dans un dernier combat.

Et ce ne sera pas leurs basses politiques
Qui nous emporteront dans un dernier fossé.
Et ce ne sera pas leurs simili mystiques
Qui nous emporteront dans un dernier passé.

Et ce ne sera pas leurs honteuses tactiques
Qui nous emporteront dans un dernier assaut.
Et ce ne sera pas leurs vaines balistiques
Qui nous feront sauter dans un dernier ressaut.

Et ce ne sera pas leurs douteuses pratiques
Qui nous emporteront dans un dernier élan.
Ce n'est pas leur programme et ce n'est pas leur plan
Qui nous remplacera nos dures dogmatiques.

Et ce ne sera pas leurs molles pragmatiques
Qui nous emporteront dans un dernier assaut.
Et ce ne sera pas leurs gestes hiératiques
Qui nous feront sauter le pas du dernier saut.

Et ce ne sera pas leurs airs diplomatiques
Qui nous emporteront dans un dernier assaut.
Et ce ne sera pas leurs tons énigmatiques
Qui nous distingueront l'honnête homme et le sot.

Et ce ne sera pas ces portants de théâtre
Qui nous transporteront dans le dernier décor.
Et ce n'est pas leurs trucs et leurs gestes d'albâtre
Qui nous remplaceront notre dernier trésor.

Et ce ne sera pas ces distingués cloportes

Qui viendront nous chercher dans notre enterrement.
Ce n'est pas leur détresse et leur délabrement
Qui nous fera passer le seuil des doubles portes.

Et ce ne sera pas ces distingués cloportes
Qui viendront nous chercher dans notre enterrement.
Ce n'est pas leur détresse et leur égarement
Qui nous fera quitter nos lits de feuilles mortes.

Et ce ne sera pas ces distingués cloportes
Qui viendront nous chercher dans notre enterrement.
Ce n'est pas leur détresse et leur effarement
Qui nous rassembleront en de pâles cohortes.

Et ce ne sera pas ces distingués cloportes
Qui viendront nous chercher dans notre enterrement.
Ce n'est pas leur détresse et leur effondrement
Qui nous assembleront en furtives cohortes

Et ce ne sera pas ces distingués cloportes
Qui viendront nous chercher dans notre enterrement.
Ce n'est pas leur détresse et leur désœuvrement
Qui se promènera sur nos dépouilles mortes.

Et ce ne sera pas ces puissants mille-pieds
Qui se promèneront parmi nos pâles faces.
Et ce ne sera pas ces illustres troupiers
Qui nous ramasseront nos sordides carcasses.

Et ce ne sera pas ces troublants mille-pieds
Qui se promèneront sur nos augustes faces.
Et ce ne sera pas ces candides troupiers
Qui viendront nous lever nos débiles carcasses.

Et ce ne sera pas ces puissants mille-pattes
Qui viendront nous chercher dans notre enterrement.
Et ce ne sera pas ces troublants acrobates
Qui nous démêleront notre enchevêtrement.

Ce n'est pas ces peau glabre et ces faces rasées
Qui viendront nous chercher sous les myrtes épais.
Et ce ne sera pas leurs lèvres écrasées
Qui viendront nous donner notre baiser de paix.

Ce n'est pas ces peau moite et ces lèvres brasées
Qui viendront nous chercher sous les lauriers épais.
Et ce ne sera pas leurs faces abrasées
Qui viendront nous donner notre baiser de paix.

Et ce ne sera pas ces chambellans épais
Qui viendront nous chercher dans les maisons régnantes.
Et ce ne sera pas leurs lèvres répugnantes
Qui viendront nous donner notre baiser de paix.

Et ce ne sera pas ces buveurs de tisanes
Qui viendront nous chercher sous les hêtres épais.
Et ce ne sera pas à des baisers profanes
Que nous demanderons notre baiser de paix.

Et ce ne sera pas cette bande charnelle
Qui viendra nous chercher sous les beaux orangers.
Et ce ne sera pas ces pauvres horlogers
Qui nous remonteront une horloge éternelle.

Et ce ne sera pas ces nobles étrangers
Qui nous boulangeront le pain de chaques jours.
Et ce ne sera pas ces pauvres boulangers
Qui nous cuiront le pain des terrestres amours.

Et ce ne sera pas ces nobles étrangers
Qui nous boulangeront le pain de chaques jours.
Et ce ne sera pas ces pauvres boulangers
Qui nous cuiront le pain des charnelles amours.

Et ce ne sera pas ces nobles étrangers
Qui nous boulangeront des pains insaisissables.

Et ce ne sera pas ces pauvres boulangers
Qui nous cuiront le pain des amours périssables.

Et ce ne sera pas ces nobles étrangers
Qui nous boulangeront le pain des autres jours.
Et ce ne sera pas ces pauvres boulangers
Qui nous cuiront le pain des célestes amours.

Et ce ne sera pas ces nobles étrangers
Qui nous boulangeront le pain des derniers jours.
Et ce ne sera pas ces pauvres boulangers
Qui verseront le vin des divines amours.

Et ce ne sera pas ces nobles étrangers
Qui nous effaceront la tache originelle.
Et ce ne sera pas ces pauvres boulangers
Qui nous cuiront le pain d'une amour éternelle.

Et ce ne sera pas ces pauvres solennels
Qui viendront nous chercher sous les beaux orangers.
Et ce ne sera pas ces pauvres horlogers
Qui feront tourner l'heure aux cadrans éternels.

Et ce ne sera pas ces demi-criminels
Qui viendront nous chercher dans une entière mort.
Et ce ne sera pas ces demi-colonels
Qui sauront emporter l'indivisible fort.

Et ce ne sera pas ces faux passionnels
Qui sauront emporter le cœur de la maison.
Et ce ne sera pas ces faux rationnels
Qui sauront emporter le cœur de la raison.

Et ce ne sera pas ces faux passionnels
Qui sauront saluer le cœur de leur saison.
Et ce ne sera pas ces faux rationnels
Qui sauront saluer le cœur de la raison.

Et ce ne sera pas ces unipersonnels
Qui sauront saluer une triple personne.
Et ce ne sera pas ces faussement charnels
Qui sauront recevoir une fausse couronne.

Et ce ne sera pas ces faux confraternels
Qui reviendront jamais dans la maison du père.
Et ce ne sera pas un illustre confrère
Qui fera tourner l'heure aux cadrans éternels.

Et ce ne sera pas ces illustres faux frères
Qui rentreront jamais aux jardins fraternels.
Et ce ne sera pas ces augustes compères
Qui feront tourner l'heure aux cadrans éternels.

Et ce ne sera pas leur pauvre ritournelle
Qui nous réveillera sous les beaux orangers
Et ce ne sera pas ces pauvres horlogers
Qui nous remonteront une horloge éternelle.

Et ce sera la voix d'une autre villanelle
Qui nous réveillera sous les arceaux légers.
Et ce ne sera pas ces pauvres horlogers
Qui nous remonteront une horloge éternelle.

Et ce ne sera pas ces fausses sentinelles
Qui garderont la rive et le suprême bord.
Et ce ne sera pas leurs gilets de flanelles
Qui sauront les sauver du baiser de la mort.

Et ce ne sera pas ces pâles sentinelles
Qui garderont Ninive et la plus haute porte.
Et ce ne sera pas leurs gilets de flanelles
Qui sauront les sauver de cette étreinte morte.

Et ce ne sera pas ces blêmes sentinelles
Qui crieront le Qui-Vive au faîte de ce fort.
Et ce ne sera pas leurs gilets de flanelles

Qui sauront les sauver du frisson de la mort.

Et ce ne sera pas ces louches sentinelles
Qui garderont l'ogive et les créneaux du fort.
Et ce ne sera pas leurs gilets de flanelles
Qui sauront les sauver des lèvres de la mort.

Et ce ne sera pas ces beaux polichinelles
Qui sauteront la rampe et les derniers tréteaux.
Et ce ne sera pas leur airs de péronnelles
Qui les embarqueront sur les derniers bateaux.

Et ce ne sera pas ces hommes de théâtres
Qui viendront nous chercher parmi la pimprenelle.
Et ce ne sera pas ces faussement folâtres
Qui viendront déranger la ronde coccinelle.

Et ce ne sera pas ces hommes de morale
Qui viendront nous chercher sous les vertes tonnelles.
Et ce ne sera pas ces âmes en spirale
Qui sauront s'égarer dans les vieilles venelles.

Et ce ne sera pas ces hommes de serment
Qui viendront nous chercher dans notre dormitoire.
Et ce ne sera pas nos professeurs d'histoire
Qui viendront nous chercher dans notre enterrement.

Ce n'est pas ces monteurs et ces mécaniciens
Qui nous remonteront nos vieilles mécaniques.
Ce n'est pas ces docteurs et ces statisticiens
Qui pourront nous sauver de nos terreurs paniques.

Ce n'est pas ces monteurs et ces mécaniciens
Qui nous remonteront une vieille machine.
Ce n'est pas ces compteurs et ces statisticiens
Qui nous assoupliront une grinçante échine.

Ce n'est pas ces compteurs et ces mécaniciens

Qui nous remonteront de raides mécanismes.
Ce n'est pas ces graisseurs et ces électriciens
Qui nous assoupliront nos raides rhumatismes.

Et ce ne sera pas ces pâles faces rases
Qui viendront nous chercher sous les charmes épais.
Et ce ne sera pas ces constructeurs de phrases
Qui viendront nous donner notre baiser de paix.

Et ce ne sera pas ces faiseurs d'antiphrases
Qui viendront nous chercher sous des ombres épaisses.
Et ce ne sera pas leurs molles paraphrases
Qui viendront découper le genre et les espèces.

Et ce ne sera pas leurs sottes périphrases
Qui viendront nous chercher sous les ormes épais.
Et ce ne sera pas leurs timides emphases
Qui viendront nous donner notre baiser de paix.

Et ce ne sera pas ces hardis mousquetaires
Qui viendront nous chercher dans notre enterrement.
Et ce ne sera pas tout leur accoutrement
Qui viendra nous chercher dans le fond de nos terres.

Et ce ne sera pas ces vaillants mousquetaires
Qui viendront nous chercher dans notre accoutrement.
Et ce ne sera pas leur enchevêtrement
Qui viendra nous chercher dans nos dernières terres.

Et ce ne sera pas ces apprentis notaires
Qui viendront nous chercher dans notre enterrement.
Et ce ne sera pas tout l'enregistrement
Qui viendra nous chercher dans nos plus basses terres.

Et ce ne sera pas ces grands navigateurs
Qui nous ramasseront sur une seule barque.
Et ce ne sera pas ces beaux instigateurs
Qui répondront pour nous devant le seul monarque.

Et ce ne sera pas ces sonneurs de fanfares
Qui viendront nous sonner le réveil du matin.
Et ce ne sera pas tout ces gardiens de squares
Qui nous introduiront dans le dernier jardin.

Et ce ne sera pas ces sonneurs de fanfares
Qui nous réveilleront dans un dernier matin.
Et ce ne sera pas tous ces gardiens de squares
Qui nous feront passer la grille du jardin.

Et ce ne sera pas ces gardiens de musées
Qui viendront nous chercher sous les hêtres épais.
Et ce ne sera pas leurs lèvres amusées
Qui viendront nous donner notre baiser de paix.

Et ce ne sera pas leurs faces polissonnes
Qui viendront nous chercher sous les chastes cyprès.
Et ce ne sera pas leur lèvres mollassonnes
Qui viendront nous donner notre baiser de paix.

Et ce ne sera pas ces pompiers de services
Qui viendront nous chercher dans les derniers portants.
Et ce ne sera pas ces hommes importants
Qui départageront les vertus et les vices.

Et ce ne sera pas ces grands metteurs en scènes
Qui viendront nous chercher sous les myrtes épais.
Et ce ne sera pas à leurs lèvres obscènes
Que nous demanderons notre baiser de paix.

Et ce ne sera pas ces pompiers de services
Qui viendront nous chercher dans les derniers portants.
Et ce ne sera pas ces hommes importants
Qui viendront découper les vertus et les vices.

Et ce ne sera pas ces grands metteurs en scène
Qui nous convoqueront sur un dernier plateau.

Et ce ne sera pas de leur dernier bateau
Que Pierre jettera les mailles de la senne.

Et ce ne sera pas à ces faces glacées
Que nos yeux s'ouvriront sous les myrtes épais.
Et ce ne sera pas leurs lèvres délacées
Que viendront nous donner notre baiser de paix.

Et ce ne sera pas à leurs faces lassées
Que nos yeux s'ouvriront sous les lauriers épais.
Et ce ne sera pas à leurs lèvres passées
Que nous demanderons notre baiser de paix.

Et ce ne sera pas à ces faces tassées
Que nos yeux s'ouvriront sous les hêtres épais.
Et ce ne sera pas à leurs lèvres cassées
Que nous demanderons notre baiser de paix.

Et ce ne sera pas ces revendeurs d'issues
Qui viendront nous chercher sous les chastes cyprès.
Et ce ne sera pas leurs lèvres décousues
Qui viendront nous donner notre baiser de paix.

Et ce ne sera pas parmi leurs pâles faces
Que nos yeux s'ouvriront sous les ormes épais.
Et ce n'est pas leurs dents et leurs lèvres mollasses
Qui viendront nous donner notre baiser de paix.

Et ce ne sera pas devant leurs pâles faces
Que nos yeux s'ouvriront sous les hêtres épais.
Et ce n'est pas leurs dents et leurs lèvres cocasses
Qui viendront nous donner notre baiser de paix.

Et ce ne sera pas ces buveurs de lavasses
Qui viendront nous chercher sous les rameaux épais.
Et ce n'est pas leurs dents et leurs lèvres bonasses
Qui viendront nous donner notre baiser de paix.

Et ce ne sera pas ces faiseurs de grimaces
Qui viendront nous chercher sous les graves cyprès.
Et ce ne sera pas à ces lèvres trop grasses
Que nous demanderons notre baiser de paix.

Et ce n'est pas ces faussement tenaces
Qui viendront nous chercher sous les charmes épais.
Et ce ne sera pas leurs lèvres de menaces
Qui viendront nous donner notre baiser de paix.

Et ce ne sera pas ces faces harassées
Qui viendront nous chercher dans des repos épais.
Et ce ne sera pas leurs lèvres déclassées
Qui viendront nous donner notre baiser de paix.

Ce n'est pas ces geôliers et ces pisciculteurs
Qui viendront nous chercher dans nos tombes encloses.
Ce n'est pas ces tôliers et ces aviculteurs
Qui viendront nous chercher dans nos fosses reposes.

Ce n'est pas ces poêliers et ces apiculteurs
Qui viendront nous chercher dans nos tombes décloses.
Ce n'est pas ces toiliers et ces agriculteurs
Qui viendront nous chercher sous la ronce et les roses.

Ce n'est pas ces gabiers et ces viticulteurs
Qui viendront nous chercher parmi les passeroses.
Ce n'est pas ces barbiers et ces horticulteurs
Qui nous délaceront des lilas et des roses.

Ce n'est pas ces tuiliers et ces sylviculteurs
Qui viendront nous chercher parmi les lauriers-roses.
Et ce ne sera pas ces mornes inspecteurs
Qui nous délaceront de la ronce et des roses.

Et ce ne sera pas ces mornes producteurs
Qui nous feront entrer dans un dernier partage.
Et ce ne sera pas ces mornes conducteurs

Qui nous feront passer par un dernier village.

Et ce ne sera pas ces mornes traducteurs
Qui nous feront passer par un dernier langage.
Et ce ne sera pas ces pauvres séducteurs
Qui nous disloqueront notre pauvre ménage.

Et ce ne sera pas ces fameux capitaines
Qui nous emporteront dans la dernière place.
Et ce ne sera pas ces gantés de mitaines
Qui viendront essuyer notre dernière face.

Et ce ne sera pas ces fameux capitaines
Qui nous emporteront la place auguste et forte.
Et ce ne sera pas ces gantés de mitaines
Qui viendront ramasser notre dépouilles morte.

Et ce ne sera pas ces galants capitaines
Qui nous emporteront la place unique et forte.
Et ce ne sera pas ces gantés de mitaines
Qui nous ramasseront la chair stupide et morte.

Et ce ne sera pas ces vaillants capitaines
Qui nous emporteront la place chaste et forte.
Et ce ne sera pas ces gantés de mitaines
Qui viendront essuyer la peau bleuâtre et morte.

Et ce ne sera pas ces grêles capitaines
Qui nous emporteront la place grave et forte.
Et ce ne sera pas ces gantés de mitaines
Qui nous défonceront une dernière porte.

Et ce ne sera pas ces frêles capitaines
Qui nous emporteront la place pauvre et forte.
Et ce ne sera pas ces gantés de mitaines
Qui sauront rassembler la dernière cohorte.

Et ce ne sera pas ces maigres capitaines

Qui nous emporteront la place noble et forte.
Et ce ne sera pas ces gantés de mitaines
Qui viendront nous laver des traces du cloporte.

Et ce ne sera pas ces gantés de mitaines
Qui nous emporteront la place nue et forte.
Et ce ne sera pas des gens de cette sorte
Que nous reconnaîtrons pour des grands capitaines.

Et ce ne sera pas ces hardis capitaines
Qui nous emporteront l'auguste forteresse.
Et ce ne sera pas ces gantés de mitaines
Qui nous arracheront d'une juste détresse.

Et ce ne sera pas ces hardis capitaines
Qui nous emporteront la haute forteresse.
Et ce ne sera pas ces gantés de mitaines
Qui nous arracheront d'une basse détresse.

Et ce ne sera pas ces hardis capitaines
Qui nous emporteront la chaste forteresse.
Et ce ne sera pas ces gantés de mitaines
Qui nous arracheront d'une impure détresse.

Et ce ne sera pas ces hardis capitaines
Qui nous emporteront la droite forteresse.
Et ce ne sera pas ces gantés de mitaines
Qui nous arracheront d'une pauvre détresse.

Et ce ne sera pas ces hardis capitaines
Qui nous emporteront la roide forteresse.
Et ce ne sera pas ces gantés de mitaines
Qui nous arracheront d'une molle détresse

Et ce ne sera pas ces hardis capitaines
Qui nous emporteront la place unique au monde.
Et ce ne sera pas ces gantés de mitaines
Qui viendront nous chercher dans la vase profonde.

Et ce ne sera pas ces hardis capitaines
Qui nous emporteront la place unique au monde.
Et ce ne sera pas ces plongeurs en mitaines
Qui viendront nous chercher sous la vague profonde.

Et ce ne sera pas ces hardis capitaines
Qui nous emporteront sur leurs musculatures.
Et ce ne sera pas ces gantés de mitaines
Qui viendront nous chercher dans nos maculatures.

Et ce ne sera pas ces pauvres frénétiques
Qui viendront nous chercher sous les myrtes épais.
Et ce ne sera pas leurs faces fanatiques
Qui viendront nous donner notre baiser de paix.

Et ce ne sera pas ces aristotéliques
Qui viendront nous chercher sous les lauriers épais.
Et ce ne sera pas leurs lèvres faméliques
Qui viendront nous donner notre baiser de paix.

Une autre, une autre lèvre un peu plus catholique
Mettra sur nos deux yeux notre baiser de paix.
Une main moins aveugle et plus apostolique
Saura nous retrouver sous les hêtres épais.

Et ce n'est pas ces dents et ces lèvres flétries
Qui viendront nous donner notre baiser de paix.
Et ce ne sera pas ces enquêteurs épais
Qui viendront nous chercher jusque dans nos patries.

Et ce n'est pas leurs dents et leur lèvre flétrie
Qui viendra nous donner notre baiser de paix.
Et ce ne sera pas ces malfaiteurs épais
Qui viendront nous chercher jusqu'en notre patrie.

Et ce ne sera pas leurs faces exécrées
Qui viendront nous chercher sous les trembles épais.

Et ce ne sera pas à leurs lèvres sucrées
Que nous demanderons notre baiser de paix.

Et ce ne sera pas leurs faces échancrées
Qui viendront nous chercher sous les ormes épais.
Et ce n'est pas leurs dents et leurs lèvres nacrées
Qui viendront nous donner notre baiser de paix.

Une autre, une autre lèvre et un peu plus sacrée
Mettra sur nos deux yeux notre baiser de paix.
Une main moins aveugle un peu plus consacrée
Saura nous retrouver sous les chastes cyprès.

Une mains diligente ensemble que sacrée
Saura nous retrouver dans la forêt épaisse.
Une peine indulgente et pourtant consacrée
Saura se retrouver dans le genre et l'espèce.

Et ce ne sera pas ces pâles muscadins
Qui nous soulèveront nos nuques soulagées.
Et ce ne sera pas ces inertes gandins
Qui nous délaveront nos faces ravagées.

Et ce ne sera pas leurs faces abhorrées
Qui viendront nous chercher sous les pommiers épais.
Et ce ne sera pas leurs lèvres déflorées
Qui viendront nous donner notre baiser de paix.

Et ce ne sera pas ces fades galantins
Qui viendront nous chercher dans notre pourriture.
Et ce ne sera pas ces maussades pantins
Qui nous retourneront dans l'outrage et l'ordure.

Et ce ne sera pas ces fades plaisantins
Qui viendront nous chercher dans notre turpitude.
Et ce ne sera pas ces aimables pantins
Qui nous ramasseront notre décrépitude.

Et ce ne sera pas ces gardiens de prison
Qui viendront nous lever les portes de nos geôles.
Et ce ne sera pas par dessus leurs épaules
Que nous contemplerons un immense horizon.

Et ce ne sera pas ces gardiens de prison
Qui viendront nous nommer au seuil de notre geôle.
Et ce ne sera pas par dessus leur épaule
Que nous nous heurterons au mur de l'horizon.

Et ce ne sera pas ces gardiens de prison
Qui nous appelleront au seuil de notre geôle.
Et ce ne sera pas par dessus leur épaule
Que nous contemplerons un immense horizon.

Et ce ne sera pas ces gardiens de prison
Qui viendront nous cueillir au seuil de notre geôle.
Et ce ne sera pas par-dessus leur épaule
Que nous regardons les bords de l'horizon

Et ce ne sera pas ces gardiens de prison
Qui viendront nous lever nos registres d'écrous.
Et qui feront peser sur la peau de nos cous
L'immense écrasement de ce morne horizon.

Et ce ne sera pas ces gardiens de prison
Qui viendront nous lever de nos pâles écrous.
Et qui feront peser sur la peau de nos cous
Le plat écrasement d'un immense horizon.

Et ce ne sera pas ces gardiens de prison
Qui nous appelleront par nos noms de baptême.
Et qui révoqueront l'implacable anathème
Suspendu par dessus les bords de l'horizon.

Et ce ne sera pas ces gardiens de prison
Qui nous appelleront par nos noms de baptême.
Du nom des saints patrons qui font tout notre thème

Et qui tiendront le coup aux bords de l'horizon.

Et ce ne sera pas ces gardiens de prison
Qui nous appelleront par nos noms de famille.
Du nom de notre père et du fil en aiguille
Du nom de notre aïeul et jusqu'à l'horizon

Du nom de notre race et de notre paroisse.
Du nom de notre Christ et notre rédempteur.
Du nom de votre grâce et du premier auteur.
Du nom de notre peine et notre morne angoisse.

Il n'iront pas chercher dans la dernière alcôve
Le nom qui nous distingue et le nom qui nous perd.
Le nom qui nous assemble et le nom qui nous sert.
Le nom qui nous contente et le nom qui nous sauve.

(Il allait hériter de l'antique destin.
Le mettrait-il jamais sous le joug de la grâce.
Il allait hériter d'une éternelle race.
La mettrait-il jamais sous le règne latin.)

Ce n'est pas ce vieil homme avec ce jeune beau
Qui viendront nous chercher dans notre pourriture,
Le jour que nous serons viande et nourriture
Et récréation pour les vers du tombeau.

Et qui feront peser sur la peau de nos nuques
Le poids de la potence et le poids du licol.
Et qui feront peser sur nos faces caduques
La réprobation courant au ras du sol.

Et ce ne sera pas ces maîtres de tactiques
Qui nous emporteront dans un dernier abord.
Ce n'est pas ces frileux et ces antipathiques
Qui nous feront sauter par un dernier sabord.

Ce n'est point leur tableaux, fussent-ils synoptiques,

Qui nous assembleront comme un pauvre troupeau.
Ce n'est point leurs terreurs, fussent-elles optiques,
Qui nous feront trembler la laine sur la peau.

Et nous serons conduits par une autre houlette.
Et nos bergers seront de bien autres bergères.
Et nous nous délierons d'une autre bandelette.
Et nous serons menés par des mains plus légères.

Et nous serons conduits par une autre houlette
Et nos bergers seront deux antiques bergères.
Et nous serons liés d'une autre bandelette.
Et nous serons liés par des mains plus légères.

Et nous autres Français nous en suivrons une autre.
Et nous filerons doux nous autres les malins.
Et le plus déluré fera le bon apôtre.
Et nos derniers soleils seront sur leurs déclins.

Et nous Parisiens nous en suivrons une autre.
Et nous filerons doux nous autres les malins.
Et le plus coquebin fera le bon apôtre.
Et les soleils d'hiver seront sur leurs déclins.

Et nous autres Français nous en suivrons la nôtre.
Et nous filerons doux nous autres les malins.
Et le plus assuré fera le bon apôtre.
Et nos derniers soleils seront sur leurs déclins.

Et nous Parisiens nous en suivrons la nôtre.
Et nous filerons doux nous autres les malins.
Et le plus épuré fera le bon apôtre.
Et les pâles soleils seront sur leurs déclins.

Et nous gens de Paris nous en suivrons la nôtre.
Et nous filerons doux nous autres les malins.
Et le plus mesuré fera le bon apôtre.
Et les soleils d'hiver seront sur leurs déclins.

Nous autres gens d'ici nous en suivrons la nôtre.
Et nous filerons doux nous autres les malins.
Et le plus assuré fera le bon apôtre.
Et nos derniers soleils seront sur leurs déclins.

Et nos bergers seront deux uniques bergères.
Et nous filerons doux par devant ces houlettes.
Et nous serons menés par des mains plus légères.
Et nous écarterons nos pâles bandelettes.

L'une est morte au milieu des pâles citoyens,
Pieusement couchée en un lit de parade.
Soigneusement dressée en une haute estrade
L'autre est morte au milieu des pâles citoyens.

L'une est morte au milieu de tous les citoyens,
Pieusement couchée en un lit de tendresse.
Soigneusement dressée en un lit de détresse,
L'autre est morte au milieu de tous les citoyens.

Parmi les jeunes clercs et les curés-doyens
L'une est morte au milieu d'un immense concours.
Parmi les hommes d'arme et les curés-doyens
L'autre est morte au milieu d'un immense concours.

Les yeux sur une croix, sans hâte et sans discours,
L'une est morte au milieu d'une vieille paroisse.
Les yeux sur une croix, après quelques discours,
L'autre est morte au milieu d'une vieille paroisse.

Les yeux sur une croix sans hâte et sans faiblesse,
L'une est morte au milieu d'un immense appareil.
Les yeux sur une croix sans honte et sans faiblesse
L'autre est morte au milieu d'un immense appareil.

Sous un dais garanti des rayons du soleil,
L'une est morte au milieu d'une simple noblesse.

À la face de Dieu liée en plein soleil
L'autre est morte au milieu d'une simple noblesse.

Pieusement couchée en un lit d'échafaud,
L'une est morte au milieu d'un immense diocèse.
Soigneusement dressée en un dur échafaud
L'autre est morte au milieu d'un immense diocèse.

Aïeule sans reproche, aïeule sans défaut,
L'une est morte au milieu d'une foule française.
Captive sans reproche et prise par défaut
L'autre est morte au milieu d'une foule française.

Les yeux levés au ciel, sans hâte et sans angoisse,
L'une est morte au milieu d'un peuple convoqué.
Les yeux levés au ciel, non sans un peu d'angoisse,
L'autre est morte au milieu d'un peuple convoqué.

Ses beaux doigts joints levés vers la miséricorde,
L'une est morte au milieu d'un peuple interloqué.
Ses deux poignets liés aux nœuds d'une âpre corde,
L'autre est morte au milieu d'un peuple interloqué.

Ses beaux cheveux noués le long de son sarrau,
L'une est morte au milieu d'un peuple de fidèles.
Ses beaux cheveux noués par la main du bourreau,
L'autre est morte au milieu d'un peuple de fidèles.

Ces yeux qui tant avaient guetté les hirondelles
Ne guettèrent plus rien que les dons de l'Esprit.
Ces yeux qui tant avaient guetté les hirondelles
Ne guettèrent plus rien que de voir Jésus-Christ.

Diligente bergère, inlassable gardienne,
L'une est morte au milieu de toute chrétienté.
Diligente bergère, inlassable gardienne,
L'autre est morte au milieu de toute chrétienté.

Vigilante bergère, aïeule et paroissienne,
L'une est morte au milieu de toute chrétienté.
Vigilante bergère, enfant et paroissienne,
L'autre est morte au milieu de toute chrétienté.

D'un cœur sans défaillance et d'un cœur indompté,
L'une est morte au milieu de la race chrétienne.
D'un cœur sans défaillance et d'un cœur indompté,
L'autre est morte au milieu de la race chrétienne.

Et nous autres Français nous en suivrons la nôtre,
La plus appareillée aux dons du Saint-Esprit,
La plus appareillée au livre de l'apôtre,
La plus appareillée au cœur de Jésus-Christ.

Et nous autres Français nous en suivrons la nôtre.
C'est la plus attachée aux dons du Saint-Esprit.
Et la plus affichée au livre de l'apôtre.
Et la plus approchée au cœur de Jésus-Christ.

Et nous autres Français nous en suivrons la nôtre.
C'est la plus accointée aux dons du Saint-Esprit.
Et la plus attestée au livre de l'apôtre.
Et la plus imitée au cœur de Jésus-Christ.

Dans un vallon semé de bouleaux et de hêtres
L'une est morte au milieu d'un peuple prosterné.
Sur un haut échafaud de bouleaux et de hêtres
L'autre est morte au milieu d'un peuple consterné.

Au milieu des bourgeois, des manants et des prêtres,
L'une est morte au milieu d'un peuple nouveau-né.
Au milieu des soldats, des bourreaux et des prêtres,
L'autre est morte au milieu d'un peuple abandonné.

Dans le propre pays de ses simples ancêtres
L'une est morte au milieu d'un peuple couronné.
Au milieu des docteurs, des savants et des traîtres

L'autre est morte au milieu d'un peuple rançonné.

Dans le propre pays de ses travaux champêtres
L'une est morte au milieu d'un peuple façonné.
Sous les regards dardés de toutes les fenêtres
L'autre est morte au milieu d'un peuple pardonné.

Au milieu du troupeau conduit pas ses pasteurs,
L'une est morte au milieu d'une sorte de place.
Au milieu du troupeau séduit par les docteurs
L'autre est morte au milieu d'une publique place.

L'une est morte au milieu d'une sorte d'espace
Laissé par le respect et par le recueillement.
L'autre est morte au milieu d'un implacable espace
Gardé par la terreur et le gouvernement.

Et l'une dans le ciel a l'âge que Dieu veut.
Car elle a parcouru les degrés de la vie.
Et le péché d'orgueil et le péché d'envie
Se sont longtemps ligués contre son noble vœu.

Et l'une dans le ciel a l'âge que Dieu veut.
Car elle a parcouru les relais de la vie.
Et le péché d'orgueil et le péché d'envie
Se sont longtemps joués aux règles de ce jeu.

Et l'une dans le ciel a l'âge que Dieu veut.
Car elle a parcouru les délais de la vie.
Et le péché d'orgueil et le péché d'envie
Se sont longtemps brûlés aux flammes de ce feu.

Et l'une dans le ciel a l'âge que Dieu veut.
Car elle à parcouru les palais de la vie.
Et le péché d'orgueil et le péché d'envie
Se sont longtemps pincés aux mailles de ce nœud

Sans hâte et sans faiblesse et sans nul tremblement,

L'une est morte au milieu de la plèbe chrétienne.
Sans honte et sans faiblesse et sans nul tremblement,
L'autre est morte au milieu de la plèbe chrétienne.

Diligente, attentive et candide doyenne,
L'une est morte au milieu d'un grand assemblement.
Diligente, attentive et jeune citoyenne,
L'autre est morte au milieu d'un grand assemblement.

Et l'une était ridée et c'était une ancienne.
Et tous la regardaient comme une auguste aïeule.
Et l'autre, obéissante et pauvre paroissienne,
Parmi ce grand concours demeurait pauvre et seule.

Et l'une dans le ciel a l'âge que Dieu veut.
Car elle a parcouru les âges de la vie.
Voici le long chemin de la route suivie
Depuis le premier âge et le premier aveu.

Voici son livre d'heure et voici son horaire.
Voici tout le parcours de son événement.
Voici ses lieux d'étape et son itinéraire.
Voici tout le discours de son avènement.

Or la terre est chargée, et c'est la terre seule,
De faire le long âge et l'âge révolu.
Et de faire une enfant et de faire une aïeule.
Et de marquer les bords de notre âge absolu.

Et de marquer les bords d'un courage rebelle.
Et de marquer les bords d'une longueur de temps.
Et de faire une laide et de faire une belle.
Et de faire un automne et de faire un printemps.

Et de marquer les bords d'un âge de merveille
Ou d'un âge vieillot frileusement couvert.
Et de faire une jeune et de faire une vieille.
Et de faire un avril et de faire un hiver.

Et la terre est chargée, et c'est la terre seule,
De faire le grand âge et l'âge résolu.
Et de faire une femme et de faire une aïeule.
Et de couper les bords de notre âge absolu.

Et la terre est chargée, et c'est là son office,
De découper les bords de notre âge réel,
Sans aucun appareil, sans aucun artifice,
Du premier jour des Rois jusqu'au dernier Noël.

Et la vie est chargée, et c'est là son affaire,
De marcher tout le long de notre âge réel.
Et nul ne peut changer, et nul ne peut défaire
La courbe qu'elle inscrit jusqu'au dernier Noël.

Et la vie est chargée et c'est là son affaire
D'enregistrer l'ampleur de notre âge réel.
Nul ne peut altérer, nul ne peut redéfaire
Le tracé qu'elle inscrit jusqu'au dernier Noël.

C'est la terre qui gagne et la terre qui plaide
Et qui fait le procès de nos vieillissements
Et qui fait une belle et qui fait une laide
Et qui fait le tracé de nos bannissements.

C'est la terre qui gagne et la terre qui compte
Et qui fait le procès de nos inscriptions
Et qui fait le mémoire et qui fait le décompte
Et qui fait le tracé de nos descriptions.

C'est la terre qui gagne et la terre qui compte
Et qui fait le procès de nos endossements
Et qui fait le sommaire et qui règle le compte
Et qui fait le tracé de nos efforcements.

C'est la terre qui mord et la terre qui compte
Et qui fait le procès de nos consomptions

Et qui règle l'histoire et qui règle le conte
Et qui fait le tracé de nos rédemptions.

C'est la terre qui gagne et la terre qui marque
Et qui fait le procès de nos morcellements
Et qui nous introduit près du plus grand monarque
Et qui fait le tracé de nos nivellements.

C'est la terre qui gagne, et qui mord, et accroît
Et qui fait le procès de nos accroissements
Et qui nous introduit auprès du plus grand roi
Et qui fait le tracé de nos dépassements.

Et la terre enregistre et fait le relevé.
Elle inscrit pour toujours la creuse inscription.
Du pain spirituel, du grain de sénevé
Elle fait l'inventaire et la description.

Et la terre enregistre et c'est elle qui toise
Et qui fait la grandeur ou l'inepte bassesse
Et Lutèce et Paris et Nanterre et Pontoise
Et la dame d'atour et la jeune princesse.

Et la terre mesure et c'est elle qui trace
La courbe et le graphique et l'enregistrement.
Et qui fait un orgueil et qui fait une race
Et qui fait une assise et un effondrement.

Et la terre mesure et c'est elle qui trace
La courbe et le graphique et l'enregistrement.
Et qui fait une ligne et qui fait une race
Et qui fait un royaume et un démembrement.

C'est la terre qui gagne et c'est elle qui fait
Un établissement et qui fait un débris
Et c'est elle en principe et c'est elle en effet
Qui fait les cheveux blonds et fait les cheveux gris.

C'est la terre qui gagne et c'est elle en effet
Avant les cheveux blancs qui fait les cheveux gris
Et c'est elle qui marque et c'est elle qui fait
Fleurir les cheveux d'or et notre beau Paris.

C'est la terre qui note et c'est elle en effet
Après les cheveux blonds qui fait les cheveux gris
Et c'est elle qui cote et c'est elle qui fait
Neiger les cheveux blancs de notre vieux Paris.

C'est elle qui découpe un immense parvis
Sous les pas de Dieu même et devant Notre Dame.
C'est elle qui recule aux horizons de l'âme
L'immense espacement de notre grand Paris.

C'est elle qui déroule un immense tapis
Sous les pieds de Dieu même et devant Notre Dame.
C'est elle qui recule aux horizons de l'âme
Les immenses destins du temporel Paris.

Rien ne peut suppléer cet enregistrement
Et cette inscription et cette expérience.
Rien ne peut remplacer le jour de l'échéance
Et la procession et le dénombrement.

Et l'une en Paradis a l'âge que Dieu veut.
Dieu n'a plus qu'à choisir entre de si beaux âges.
Comme un roi qui hésite entre de beaux villages
Et ne sait pas lequel recevra son aveu.

Et l'une en paradis a l'âge que Dieu veut.
Dieu n'a plus qu'à choisir entre de si beaux jours
Comme un roi qui hésite entre de beaux amours,
Entre l'amour du peuple, entre l'amour de Dieu.

Et l'une en paradis a l'âge que Dieu veut.
Dieu n'a plus qu'à choisir entre de si beaux ans
Comme un roi qui s'avance entre ses paysans

Et porte la concorde et le règne de Dieu.

Et l'une en paradis a l'âge que Dieu veut.
Dieu n'a plus qu'à choisir dans ces belles années
Comme un roi qui choisit des gerbes moissonnées
Et ne sait pas laquelle est la plus près de Dieu.

Et l'une en paradis a l'âge que Dieu veut.
Il n'a plus qu'à choisir entre de si beaux gages
Comme un roi qui hésite entre de beaux parages
Et ne sait pas lequel pourrait fixer son vœu.

Et l'une en paradis a l'âge que Dieu veut.
Il n'a plus qu'a choisir entre ces beaux étages
Comme un roi qui choisit entre ses paysages
Et ne sait pas lequel ferait le plus beau jeu.

Et l'une en paradis a l'âge que Dieu veut.
Il n'a plus qu'à choisir entre ces héritages
Comme un roi qui hésite entre ses apanages
Et ne sait pas lequel fait le plus bel enjeu.

Et l'une en paradis a l'âge que Dieu veut.
Il n'a plus qu'à choisir entre ces beaux partages
Comme un roi qui hésite entre tant de bailliages
Et ne sait pas lequel recevra son aveu.

Et comme on ne sait pas dans une belle année
Ce qu'on aime le mieux, si c'est le doux printemps,
Ou si c'est une glèbe en son oût moissonnée,
Et comme on ne sait pas entre tant de beaux temps,

Et comme on ne sait pas quand une année est bonne
Ce qu'on aime le mieux, si c'est le dur été
Ou le mélancolique et jaunissant automne,
Et comme on ne sait pas quand le sort est jeté,

Et comme on ne sait pas quand le choix est ouvert

Ce qu'on aime le mieux, si c'est le doux avril
Ou l'ardent messidor, si c'est le grave hiver
Ou l'éternel été père du père Nil,

Et comme on ne sait pas quand une année est belle
Ce qu'on aime le mieux, si c'est les giboulées
Ou si c'est le retour de la noire hirondelle
Ou si c'est le réseau des peines déroulées,

Et comme on ne sait pas quand le choix est ouvert
Ce qu'on aime le mieux, si c'est le doux avril
Ou le lourd fructidor, si c'est le grave hiver
Ou la feuille d'automne ou les rêves d'exil,

Et comme on ne sait pas quand une année est belle
Ce qu'on aime le mieux parmi tant de beauté,
Ou du printemps volage ou de l'été fidèle,
Ou des graves hivers ou des graves étés,

Et comme on ne sait pas dans l'immense univers
Ce qu'on aime le mieux, si c'est le dur été,
Ou le sévère automne ou les graves hivers,
Et comme on ne sait pas dans cette éternité,

Et comme on ne sait pas parmi tant de bonheurs
Ce qu'on aime le mieux, si c'est un bel orage,
Ou si c'est la saison du profond labourage,
Ou le balancement des vastes moissonneurs,

Et comme on ne sait pas entre tous ces honneurs
Ce qu'on aime le mieux, si c'est un beau verglas,
Ou la neige étendue au loin des pays plats,
Ou le ramassement des débiles glaneurs.

Ainsi Dieu ne sait pas entre tant de beaux jours
Ce qu'il aime le mieux, si c'est le doux printemps,
Ou la sévérité de plus fermes amours,
Ou la déclivité de plus obliques temps.

Ainsi Dieu ne sait pas entre tant de beaux temps
Ce qu'il aime le mieux, si c'est le doux avril
Ou la feuille d'automne et le rêve d'exil,
Ou le mélancolique et volage printemps.

Ainsi Dieu ne sait pas entre tant de beaux jours
Ce qu'il aime le mieux, si c'est la douce enfance
Et si c'est la modeste et simple obéissance
Ou la gratuité des parfaites amours.

Ainsi Dieu ne sait pas, ainsi Dieu ne sait plus
Ce qu'il aime le mieux dans une belle vie,
Si c'est cette âpre pente incessamment gravie
Ou la gratuité des amours absolus.

Ainsi Dieu ne sait pas entre tant de beaux jours
Ce qu'il aime le mieux, si c'est la jeune enfance
Et si c'est le travail ou les jeux de la danse
Ou la fidélité des terrestres amours.

Ainsi Dieu ne sait pas dans une belle vie
Ce qu'il aime le mieux entre tant de beaux jours.
Il regarde, il refait la route poursuivie.
L'anticipation des célestes amours.

Dans une belle vie il n'est que de beaux jours.
Dans une belle vie il fait toujours beau temps.
Dieu la déroule toute et regarde longtemps
Quel amour est plus cher entre tous ces amours.

Ainsi Dieu ne sait pas, ainsi le divin maître
Ne sait quel retenir et placer hors du lieu,
Et pour lequel tenir et s'il faut vraiment mettre
L'amour de la patrie après l'amour de Dieu.

Ainsi Dieu ne sait pas entre tant de beaux jours,
De la plus belle enfant à la plus belle aïeule,

Quel il aime le mieux de ces propres amours,
Et s'il n'aime pas mieux une âme errante et seule.

Et s'il n'aime pas mieux une souple jeunesse.
Et s'il n'aime pas mieux les dures fermetés.
Et s'il n'aime pas mieux une belle vieillesse.
Et s'il n'aimes pas mieux les dures pauvretés.

Depuis les cheveux blonds jusques aux cheveux blancs.
Et depuis l'escabeau jusqu'aux bras du fauteuil.
Jusqu'au bord du tombeau, jusqu'au ras du cercueil.
Depuis les premiers pas jusqu'aux pas chancelants.

Et des premiers genoux jusqu'aux genoux tremblants.
Du premier tabouret jusqu'au dernier fauteuil.
Du premier pas de porte au ras du dernier seuil.
Et des beaux cheveux blonds aux plus beaux cheveux blancs.

Et l'une dans le ciel a l'âge que Dieu veut.
Il n'a plus qu'à choisir dans ces belles années.
Comme un roi qui choisit des gerbes moissonnées
Jaunes comme un trésor, blondes comme un cheveu.

Et l'une dans le ciel a l'âge que Dieu veut.
Il n'a plus qu'à choisir dans ces belles années.
Comme un roi qui choisit des gerbes moissonnées
Pleines comme un trésor, fines comme un cheveux.

Et l'une dans le ciel a l'âge que Dieu veut.
Il n'a plus qu'à choisir dans ces belles années.
Comme un roi qui choisit des gerbes moissonnées
Lourdes comme un tapis, souples comme un cheveu.

Et l'une dans le ciel a l'âge que Dieu veut.
Heureux ceux d'entre nous qui la verront paraître.
Dans le vallon semé de bouleaux et de hêtre
Heureux ceux qui pourront former un dernier vœu.

Et l'une dans le ciel a l'âge que Dieu veut.
Heureux les gens d'ici qui la verront paraître
Comme une fille aimée aux pieds du divin maître
Et qui formuleront un périssable vœu.

Et l'une dans le ciel a l'âge que Dieu veut,
Fillette ou jeune femme ou diligente aïeule.
Comme un roi qui choisit dans une immense meule
Une gerbe de blé fine comme un cheveu.

Mais l'autre dans le ciel ne peut avoir qu'un âge.
Et quand Dieu le voudrait il n'y pourrait rien faire.
Et quand Dieu le voudrait ce n'est pas son affaire.
Elle est montée au ciel dès son apprentissage.

Elle est montée au ciel ensemble jeune et sage
À peine parvenue au bord de son printemps,
Au temps de sa tendresse et de son jeune temps,
À peine au débarqué de son premier village.

Elle est montée au ciel après un premier stage
Plus court que les trois ans du seigneur Jésus-Christ,
Mis non moins entendue aux dons du Saint-Esprit
Que tant d'autres qui font un long pèlerinage.

Elle est montée au ciel après un jeune stage
Plus court que les trois ans du maître Jésus-Christ,
Mais non moins éclairée aux dons du Saint-Esprit
Que tant d'autres qui font un long appareillage.

Elle est montée au ciel après un pauvre stage
Plus court que les trois ans publics de Jésus-Christ,
Mais non moins enfondue aux dons du Saint-Esprit
Que tant d'autres qui jouent un plus long personnage.

Et l'autre dans le ciel n'a que l'âge qu'elle a.
Elle n'en a jamais eu qu'un sur cette terre.
Elle a le même au ciel dans la gloire et voilà

Ce que nous avons fait d'une enfant volontaire.

Et d'autre dans le ciel n'est qu'une jeune enfant
Telle qu'elle quitta des chemins de la terre.
Car cet homme d'État et ce chef militaire
Ne fut jamais qu'une humble et courageuse enfant.

Et l'autre dans le ciel n'est qu'une jeune enfant
Telle qu'elle partit de sa jeune Lorraine.
Car cet homme de guerre et ce grand capitaine
Ne fut jamais qu'une humble et courageuse enfant.

Et l'autre en paradis n'est qu'une jeune enfant.
Dieu n'a pas à choisir ou l'un ou l'autre étage.
Car cette enfant candide et ce chef triomphant
Est morte au premier bord de son premier partage.

Et l'autre en paradis n'est qu'une jeune enfant.
Dieu n'a pas à choisir l'un ou l'autre apanage.
Car cette enfant fidèle et ce chef triomphant
Est morte au premier saint de son pèlerinage.

Et l'autre en paradis n'est qu'une jeune enfant.
Dieu n'a pas à choisir ou l'un ou l'autre gage.
Car cette enfant docile et ce chef triomphant
Est morte à peine entrée au seuil de l'héritage.

Et ce grand général qui prit tout un royaume,
(Et ce n'était pas rien, le royaume de France),
Dans le dernier climat et sous le dernier dôme
N'aura pas plus vieilli que la jeune espérance.

Et ce grand général qui saisit un royaume,
(Et quel saisissement, le royaume de France),
Dans le dernier climat et sous le dernier dôme
Sera du même jeu que la jeune espérance.

Et ce grand général qui menait des armées

Comme on gagne le ciel et c'est tambour battant,
Ainsi ce grand vainqueur et ce grand combattant
Balayait en passant les graves renommées

Comme elle eût balayé le devant de sa porte.
Et nous ses serviteurs, nous autres les puissants,
Nous l'avons fait périr, nous l'avons faite morte
Comme Hérode fit morts trois cent mille Innocents.

Heureux qui la verra dans cette autre lumière,
Le front plus découvert que les saints Innocents,
Telle qu'on la voyait au seuil de sa chaumière,
Ou parmi ses troupeaux frêles et bondissants.

Car ce grand général qui gagna vingt batailles
Comme on gagne le ciel et ce chef triomphant
Sous le casque battu, sous la cotte de mailles
Ne fut jamais qu'une humble et courageuse enfant.

Et ce grand général qui prenait des bastilles
Ainsi qu'on prend le ciel, c'est en sautant dedans
N'était devant la herse et parmi le redans
Qu'une enfant échappée à de pauvres familles.

Et ce grand général qui ramassait des bourgs
Comme on gaule des noix avec un grand épieu
N'était qu'une humble enfant perdue en deux amours,
L'amour de son pays parmi l'amour de Dieu.

Et ce grand général qui ramassait des villes
Comme on gaule des noix avec un grand épieu
N'était dans la rumeur et des guerres civiles
Qu'une humble enfant perdue en son amour de Dieu.

Et ce grand général qui forçait des provinces
Comme on gaule des noix avec un grand épieu
N'était dans les honneurs, et dans les jeux des princes,
Qu'une humble enfant perdue en son amour de Dieu.

Et ce grand général qui reprit un royaume
Comme on reprend le ciel, et c'est de vive force,
Était dans la cuirasse et sous la dure écorce
Comme un tendre froment dans la paille et le chaume.

Et ce grand général qui conquit un royaume,
Comme on conquiert le ciel, et c'est de vive force,
Était sous la cuirasse, et le masque du heaume,
Comme un tendre froment sous une dure écorce.

Heureux ceux d'entre nous qui la verront paraître,
Le regard plus ouvert que d'une âme d'enfant
Quand ce grand général et ce chef triomphant
Ressemblera sa troupe aux pieds de notre maître.

Et l'une est morte un soir, et le trois de janvier.
Tout un peuple assemblé la regardait mourir.
Le bourgeois, le manant, le pâtre et le bouvier
Pleuraient et se taisaient et la voyaient partir.

L'éblouissant manteau d'une sévère neige
Couvrait les beaux vallons du pays parisis.
L'amour de tout un peuple était tout son cortège.
Et ce peuple c'était le peuple de Paris.

L'éblouissant manteau d'une prudente neige
Couvrait les beaux recreux de la naissante France.
L'amour de tout un peuple était son espérance.
L'amour de tout un peuple était tout son cortège.

Et par France j'entends le pays parisis.
Et la neige éclatait, tunique grave et blanche.
On avait fabriqué comme une estrade en planche.
Et l'antique Lutèce était déjà Paris.

La neige déroulait un immense tapis.
L'histoire déroulait un immense discours.

La gloire en commençait un immense parcours.
Déjà l'humble Lutèce était le grand Paris.

La neige découpait un immense parvis.
L'histoire préparait un immense destin.
La gloire se levait dans un jeune matin.
Et la jeune Lutèce était le vieux Paris.

L'autre est morte un matin et le trente de mai
Dans l'hésitation et la stupeur publiques.
Une forêt d'horreur, de haches et de piques
La tenaient circonscrite en un cercle fermé.

Et l'une est morte ainsi d'une mort solennelle
Sur ces quatre-vingt-dix ou quatre-vingt-douze ans
Et les durs villageois et les durs paysans,
La regardant vieillir l'avaient crue éternelle.

Et l'autre est morte ainsi d'une mort solennelle.
Elle n'avait passé ses humbles dix-neuf ans
Que de quatre ou cinq mois et sa cendre charnelle
Fut dispersée aux vents.

ISBN : 978-3-98881-442-5

www.ingramcontent.com/pod-product-compliance
Lightning Source LLC
LaVergne TN
LVHW101917220826
846093LV00009B/276

* 9 7 8 3 9 8 8 8 1 4 4 2 5 *